济宁文物珍品

TREASURES OF CULTURAL RELICS IN JINING

济宁市文物局　编

Compiled by Cultural Relics Administration Bureau of Jining

文物出版社

封面题字：罗哲文
责任编辑：李 穆
封面设计：周小玮
责任印制：王少华

图书在版编目（CIP）数据

济宁文物珍品／济宁市文物局编．－北京：文物出版
社，2010.9
ISBN 978-7-5010-2970-9

Ⅰ．①济… Ⅱ．①济… Ⅲ．①文物－简介－济宁市
Ⅳ．① K872.523

中国版本图书馆 CIP 数据核字（2010）第 087842 号

济 宁 文 物 珍 品

济宁市文物局编

*

文物出版社出版发行
（北京市东城区东直门内北小街 2 号楼）
http://www.wenwu.com
E-mail:web@wenwu.com
北京燕泰美术制版印刷有限责任公司印制
新 华 书 店 经 销
889 × 1194　1/ 16　印张：19.5
2010 年 9 月第 1 版　2010 年 9 月第 1 次印刷
ISBN 978-7-5010-2970-9　定价：380.00 元

参与编写人员名单（按姓氏笔画排序）

马荣华　卞长永　孔　静　孔　燕　孔令明　孔志刚
孔祥胜　王　馨　王　曦　王天湖　王瑞光　邓庆猛
尹　涛　刘　丽　刘连华　乔　明　何雪琴　李　伟
李　梦　李广芳　苏延标　陈　敏　邵学壮　杨　静
杨惠莹　赤桂福　张　伟　房西金　赵　雯　赵红莲
胡　冰　胡广跃　贺福顺　徐　艳　唐　丽　顾承银
黄金星　傅吉峰　彭伟民　颜昊博　魏　萍　魏霄鸣
魏永震

Participants in the compilation

(in the order of the number of strokes of the surnames):

Ma Ronghua Bian Changyong Kong Jing Kong Yan Kong Lingming

Kong Zhigang Kong Xiangsheng Wang Xin Wang Xi Wang Tianhu

Wang Ruiguang Deng Qingmeng Yin Tao Liu Li Liu Lianhua

Qiao Ming He Xueqin Li Wei Li Meng Li Guangfang Su Yanbiao Chen Min

Shao Xuezhuang Yang Jing Yang Huiying Chi Guifu Zhang Wei

Fang Xijin Zhao Wen Zhao Honglian Hu Bing Hu Guangyue He Fushun

Xu Yan Tang Li Gu Chengyin Huang Jinxing Fu Jifeng Peng Weimin Yan

Haobo Wei Ping Wei Xiaoming Wei Yongzhen

序

  济宁是中华文化的发祥地之一，也是闻名遐迩的"孔孟之乡、运河之都"。早在一万年前的细石器时代，这里就有古人类居住。距今约五六千年，三皇五帝中的伏羲、女娲、神农、颛顼、虞舜、蚩尤等部族又先后在这里活动，遗留下部分史迹。文献记载："黄帝生于寿丘，长于姬水"，寿丘在今济宁市曲阜城东，遗址至今尚存；曲阜又是少昊出生之地，史称"少昊之墟"，其陵墓至今尚存。这里还是孔子、孟子、曾子、颜子、子思五大圣人的故乡，春秋战国时期，孔子所创立的儒家学派声名鹊起，其思想体系逐步成为中国传统文化的主支，并深为国内外思想文化界所推崇。元明清时期治理京杭运河的首脑机构又设于济宁，使济宁奠定了中国运河之都的地位。

  辉煌的历史积淀，使济宁拥有丰富的历史文化遗产，成为名副其实的文物资源大市。孔府、孔庙、孔林是世界文化遗产，曲阜、邹城为国家级历史文化名城，许多古建筑、古遗址已成为中华文化的重要标志。全市拥有全国重点文物保护单位 19 处，省级文物保护单位 95 处，市级文物保护单位 168 处，馆藏文物 16.7 万件，境内的古建筑数量之多位居全国地级市首位，济宁的汉碑、汉画像石、北朝摩崖刻经及孔府档案等均蜚声海内外，为学界所青睐，为游客所神往，文物资源优势成为助推济宁旅游业乃至整个经济社会发展的重要引擎之一。

  继编辑出版《济宁文物古迹》一书后，市文物局又组织力量编撰《济宁文物珍品》，将市内国有文博单位库藏的一级文物汇编结集出版，这不仅是文博界的一项重要成果，也是全市文化生活的一件大事，对于弘扬传统文化，宣传孔孟之乡，提高济宁的知名度必定产生重要作用。值该书付梓之际，对文物局的这一成果谨致祝贺，并希望全市文物系统总结已有经验，发扬成绩，扎实有效地做好文物保护管理以及开发利用工作，促进文化遗产事业繁荣发展。

  是为序。

中共济宁市委副书记、市长 张振川

2010 年 5 月

Preface

Jining is one of the cradles of the Chinese culture, and also the well-known hometown of Confucius and Mencius, and the town of grand canal. As early as the Microlithic Age 10,000 years ago, ancient humans lived in this land. About 5000 or 6000 years ago, such clans as Fu Xi, Goddess of Sky-patching, Patron of Agriculture, Zhuanxu, Yu Shun, and Chiyou among the three emperors and five sovereigns in ancient China left some historical traces. According to literature record, The Yellow Emperor was born in Shouqiu, and grew up in Jishui. Shouqiu, in the east of today's Qufu, Jining, still witnessed its site nowadays; Qufu, the birthplace of Shaohao, is also known as the Site of Shaohao, whose tomb remains existent. Qufu is also the hometown of the five sages Confucius, Mencius, Zengzi, Yanzi, and Zisi. During the Spring and Autumn period, the Confucianism founded by Confucius became well-known, and its thinking system gradually became the main pillar of traditional Chinese culture, and was deeply adored by foreign cultural and ideology circles. During the Yuan, Ming, and Qing dynasties, the principal organization responsible for controlling the Beijing-Hangzhou Grand Canal was set up in Jining, laying the foundation of Jining as the town of the grand canal.

Glorious history makes the rich historical cultural heritages of Jining, making the city a genuine pool of cultural relics and resources. Confucius Family Mansion, Confucian Temple, and Confucian Cemetery are the world cultural heritages. Qufu and Zoucheng are famous national historical and cultural city with many ancient buildings and sites having become important symbols of the Chinese culture. There are 19 key cultural sites under state protection, 95 cultural sites under provincial protection, and 168 under municipal protection, with a total of 167,000 articles of collections. The number of the ancient buildings in Jining ranks first among the prefecture-level cities around China. The steles and relief stone sculptures from the Han Dynasty, Cliffside Sculptures from Northern Dynasties, and archives of Confucius Family, among others, are well known at home and abroad, and win the favor of the academia and the tourists as well. The advantages of cultural relic resources have become one of the important engines driving the tourism development and even the economic and social development of Jining as a whole.

Following the compilation and publish of the Cultural and Historical Sites of Jining, Jining Bureau of Cultural Relics organized the compilation of the Treasures of Cultural Relics of Jining, which is a collection of the Class I cultural relics collected in state-owned cultural heritage institutions in Jining. Its publishing is not only a significant achievement of the cultural heritage sector, and also a great cultural event of the city. It is of great importance to promote the hometown of Confucius and Mencius, and improve the popularity of Jining. On the occasion of the publish of the book, I would like to extend my congratulations to the bureau for the achievement. Besides, I hope the cultural heritage sector of the city to sum up the experience, and make further efforts to protect cultural relics, promote the utilization thereof, and drive the prosperity and development of the cultural heritage sector.

So much for the preface, thanks.

Zhang Zhenchuan

deputy secretary of Jining Municipal Committee of the CPC and mayor of Jining

March 2010

概　　述

　　济宁市为省辖地级市，位于山东省中南部，东经115°54′～117°6′，北纬34°25′～35°55′。现辖市中区、任城区、兖州市、曲阜市、邹城市和泗水县、微山县、金乡县、鱼台县、嘉祥县、汶上县、梁山县等2区3市7县，1个高新技术开发区和一个省级旅游度假区，总面积1.1万平方公里。据2009年底统计，总人口831万。

　　济宁境内早在一万年前就有古人类居住，那时的古人使用的是细石器，考古学上称之为细石器时代（又有学者称之为中石器时代），在兖州、汶上、嘉祥三县（市）已发现细石器地点38处。公元前5500—公元前2000年的新石器时代，市内的考古文化分别是北辛文化（距今7500—6300年）、大汶口文化（距今6300—4400年）、龙山文化（距今4400—4000年）。夏代之际济宁一带的东夷族地方文化名为岳石文化，属于金石并用时期。夏商周三代，济宁属徐州之域，任、卞、缗、邿、奄、极、鲁、郳、邾、焦等诸侯国先后在这片土地上建立。商代奄国及周代鲁国是当时卓有影响的大国，均将曲阜定为国都。汉至唐济宁城区为任城县，济宁区域内先后为鲁国、山阳（昌邑）国、东平国、任城国、高平国、山阳郡、任城郡、高平郡、鲁郡等郡国属地。后周广顺三年（953年），济宁城区为任城县，隶济州。宋代，今境分属于兖州（后改袭庆府）、郓州（后改东平府）、济州、单州等地。元代至元八年（1271年），济州升为府，名曰济宁府，这是"济宁"地名的最早出现。元代的济宁地区隶属济宁路、益都路。明洪武十八年（1385年），济宁府降为州，属兖州府。清雍正二年（1724年），济宁升格为直隶州，今济宁地区分属于兖州府、济宁直隶州。民国年间，今济宁各县市隶属于济宁道，后改为岱南道。1948年8月，济宁全境解放，大多县（市）区划归鲁中南地区，1953年7月建立济宁专署，1967年改称济宁地区，1983年10月改称济宁市。后曲阜、兖州、邹县三县改为县级市。

　　在上万年的历史发展中，济宁曾有过诸多的辉煌。距今四、五千年前，三皇五帝中的大部分先祖都与济宁有关。太昊伏羲族团是济宁人的直系祖先，夏商周时期的任国（今济宁）为伏羲后裔建立的国家；《帝王世纪》云："炎帝都于陈，又徙鲁"；《史记·五帝本纪》集解说："母曰附宝……二十四月而生黄帝于寿丘，寿丘在鲁东门之北"，即今曲阜东郊；蚩尤墓在今汶上县西南的南旺镇；少昊因"执太昊之法，故名少昊"，《史记·周本纪》载："少昊之虚，曲阜也"。少昊生于曲阜，葬于云阳，至今陵墓犹存，地处今曲阜城东；颛顼、虞舜部族也曾在济宁一带活动，并遗留下颛顼后裔建立的郕国都城及虞舜"耕于历山，渔于雷泽，陶于河滨，作什器于寿丘，就时于负夏"中的五个古代地名。

　　春秋战国时期，济宁境内诞生了至圣孔子、复圣颜回、宗圣曾子、述圣子思、亚圣孟子、巧圣鲁班、和圣柳下惠等七大圣人，为邹鲁文化的发展与传播做出了重大贡献。以孔子为代表创立的儒家学说逐渐成为中华传统文化的主支，其影响延及至今。秦汉时期涌现的经学家诸如申培公、江公、毛亨、孔安国、匡衡、韦贤、何休及之后的文学家王灿、孔融、孔尚任，哲学家王弼，军事家刘表，医学家王叔和，数学家秦九韶，考据学家桂馥等济宁先祖。灿烂的古代文化为济宁遗留下一大批文物瑰宝，成为济宁古代文明的佐证，成为济宁重要资源。

　　全市现已调查登录的各类文化遗存4479处，其中已公布为全国重点文物保护单位的19处，省级

95 处，市级 168 处，馆藏文物 16.7 万件，其中一级文物 379 件（套），为名副其实的文物大市。

济宁馆藏文物收藏宏富，一是因为济宁历史厚重，二是因为文物管理机构建立较早，对文物实施了有效的保护措施。新中国刚诞生不久，济宁就建立起曲阜、邹县、嘉祥武梁祠三家文物管理会(所)。至 1990 年，市域各县（市、区）均建立起文物管理机构，济宁并于 1982 年成立了济宁市文物局，为市内文物的保护、征集、调查、发掘、研究、宣传、利用做了大量卓有成效的工作。

市内国有文物机构收藏的文物来源有三：一是文物工作者 60 年来的不间断征集，贯穿于日常的工作中。诸如从废品站、炼铁厂、银行中拣选，接受社会的捐赠，基本建设工程中出土文物的收缴及其打击文物犯罪中缴获入藏的文物。二是文物部门考古发掘出土的文物。建国后，市域内经过考古发掘的古遗址已达 20 多处，重要的诸如西夏侯、野店、王因、尹家城、西吴寺、鲁国故城遗址等，经科学发掘的古墓葬、文物窖藏也达数十处之多。经过考古发掘出土的文物大都收藏在市内，成为济宁馆藏文物的重要组成部分。需要提及的是，现属滕州市张汪镇薛国故城出土的部分文物也收藏在我市，因 1978 年发掘时薛国故城为济宁行署辖区。三是孔府、孟府的旧藏文物。尤其孔府旧藏，其数量之多，品位之高蜚声海内外。孔子嫡裔世代居住的孔府是历史上的名门望族，自西汉刘邦到曲阜祭孔之后，孔子嫡孙就受到历代王朝的眷顾优礼，家族繁盛达两千多年。封官加爵，赏赐土地，使孔府成为不受改朝换代影响而孑然玉立的名门，号称"天下第一家"。由于其特殊地位，故保留下一批特色文物，尤以服饰、纸质档案居多。曲阜解放后翌日，解放军及时对"三孔"古迹遗存进行军事管制，因而使孔府旧藏文物免遭流失。

《中华人民共和国文物保护法》第三条规定："历史上各时代重要实物、艺术品、文献、手稿、图书、资料、代表性实物等可移动文物，分为珍贵文物和一般文物，珍贵文物一般分为一级文物、二级文物、三级文物。"自《文物保护法》颁布后，市内各文物收藏单位便对馆藏文物进行了定级与分类保管。国家文物鉴定委员并在 1990 年之后数次来我市，还委托省鉴定委员会对我市重点收藏单位开展了具体的鉴定定级工作。截至目前，除少数县（市、区）尚需增加一级文物的认定之外，全市馆藏文物的定级编目、分类管理目标已经实现。

为宣传济宁，宣传我市丰厚的文化遗产，以弘扬优秀的传统文化，我们今将市内馆藏的一级文物汇编成册，定名为《济宁文物珍品》，奉献给读者。珍贵文物尤其是一级文物常被人们称之为闺中秀女，深藏库房，秘不示人，即便文物同行，也难睹芳容。作为一种尝试，我们将这么多的珍品入籍一册，敞开闺阁面世，以便更好地发挥文物的资源效益。

在编辑过程中，我们注重保持资料的原真性，并提供了条目的背景资料，对部分文言文做了校点和释读，对生僻字词标注音读。我们期望能通过我们的努力，让大家能真正读懂这些珍宝，了解她们的价值。

General introduction

Jining Municipality, a prefecture-level city, is located in the central southern part of Shandong Province, 115° 54′ -117° 6′ E, 34° 25′ ~35° 55′ N. It administers Shizhong District, Rencheng District, Yanzhou City, Qufu City, Zoucheng City, and Sishui County, Weishan County, Jinxiang County, Yutai County, Jiaxiang County, Wenshang County and Liangshan County, a high-tech technical development zone and a provincial tourist resort under its jurisdiction, totaling 11,000 square kilometers. It has a population of 8.31 million, according to the census made at the end of 2009.

As early as more than 10,000 years ago, there were ancient humans living in the territory of Jining who used Microlith and therefore the period was named the Microlithic Age (also called the mesolithic age by some scholars). In Yanzhou, Wenshang and Jiaxiang counties 38 microlithic sites have been discovered. Amid 5500BC to 2000 BC, the Neolithic Age, the city experienced Beixin Culture (about 7500-6300 years ago), Dawenkou Culture (6300-4400 years ago) and Longshan Culture (4400-4000 years ago) periods. During the Xia Dynasty (c.2100BC-c.1600BC), the local culture of the ethnic groups in Jining and the neighborhood was named the Yueshi Culture, a time when the stoneware and metalware coexisted. During Xia, Shang and Zhou dynasties, Jining was under jurisdiction of Xuzhou, seeing establishment of the states Ren, Bian, Min, Zhu, Yan, Ji, Lu, Cheng, Shi, Jiao and etc. Yan State in the Shang Dynasty ((c.1600BC-c.1100BC) and Lu State in Zhou Dynasty (c.1100BC-256BC) were large states with great influence and made Qufu as their capital. From the Han Dynasty (206BC-220AD) to the Tang Dynasty (618-907), Rencheng County was the seat of Jining and the region were under jurisdiction of Lu State, Shanyang (Changyi) State, Dongping State, Rencheng State, Gaoping State, Shanyang Prefecture, Rencheng Prefecture, Gaoping Prefecture and Lujun Prefecture in order. In 953, or the third year of Guangshun period of the Later Zhou (951-960), the seat of Jining was Recheng County, under the jurisdiction of Jizhou Prefecture. In the Song Dynasty (960-1279), the territory of today's Jining was under jurisdiction of Yanzhou (later renamed Xiqing Prefecture), Yunzhou (later renamed Dongping Prefecture), Jizhou and Shanzhou etc. In the eighth year of the Zhiyuan period (1271), Jizhou was promoted to a prefecture, named Jining Prefecture. It was the first time that Jining was used. During the period Jining was under jurisdiction of Jining Lu(a name of the administration in the Yuan Dynasty) and Yidu Lu. In the 18th year of Hongwu period of the Ming Dynasty (1368-1644), Jining Prefecture was demoted to Zhou (a name of the administration under the prefecture) and was under jurisdiction of Yanzhou Prefecture. In the second year under the reign of Emperor Yongzheng (1724) of the Qing Dynasty (1644-1911), Jining was promoted to a province directly under the central government. The area under administration of today's Jining was ruled respectively by Yanzhou Prefecture and Jining Province. During the period of the Republic of China (1912-1949), the counties and cities of today's Jining was ruled by Jining Dao (province) and later renamed to Dainan Dao. In August 1948, Jining was liberated and most counties (cities) were divided to the south and central area of Shandong Province. In July 1953, Jining Administrative Office was set up. In 1967, it was renamed to Jining

Prefecture. In October 1983, it was renamed to Jining City. Later Qufu, Yanzhou and Zouxian counties were changed to county-level cities.

In the tens of thousands years of history, Jining has enjoyed glories. About four or five thousands years ago, most ancestors of the three sovereigns and five emperors in ancient China were relevant to Jining. Taihao and Fu Xi tribes were the direct ancient of Jining people. Ren State (today's Jining) in the Xia, Shang and Zhou dynasties was a state established by descendants of Fu Xi. The book Diwang Shiji (the Emperors Times) record, "Yandi (Emperor Yan) set the capital in Chen and then moved to Lu." In the Records of the Grand Historian-Benji (Imperial Biographies), it reads, "the mother was named Fubao… gave birth to the Yellow Emperor after 24 months of pregnancy in Shouqiu which was on the north of the east gate of Lu State", or the east suburb of Qufu. Chiyou's tomb is in Nanwang Town, southwest of Wenshang County; Shaohao "was named Shaohao because he inherited the rules of Taihao". The Records of the Grand Historian-Benji of Zhou records "the dwelling place of Shaohao was in Qufu." Shaohao was born in Qufu and buried in Yunyang and the tomb is still located in the east of Qufu. Zhuanxu and Yu Shun tribes were also active in Jining and left the ruins of the capital of Zhu State which was established by the descendants of Zhuanxu. It was recorded that Yu Shun "farms in Lishan, fishes in Leize, makes potteries in Hebin and make household wares in Shouqiu and deals goods in Fuxia". Thus these five names are still in use today.

In the Spring and Autumn Period and the Warring States Period, seven sages were born in Jining, namely the Sacrosanct Sage Confucius, the Parallel Sage Yan Hui, Sequent Sage Zengzi (Master Zeng), Narration Sage Zisi, Under Sage Mencius, Craftsmanship Sage Lu Ban and the Harmony Sage Liu Xiahui, making great contribution to the development and spread of Lu's culture. The Confucianism gradually became the dominant philosophy of the traditional culture of China and its influence extends to this day. In the Qin and Han dynasties many classic scholars emerged in Jining such as the Master Shen Pei, Master Jiang, Mao Heng, Kong Anguo, Kuang Heng, Wei Xian and He Xiu. Later the city saw litterateurs Wang Can, Kong Rong and Kong Shangren, philosopher Wang Bi, strategist Liu Biao, medical scientist Wang Shuhe, mathematician Qin Jiushao and the textual research scholar Gui Fu. The prosperous ancient culture left a great number of cultural relics to the city, reflecting the ancient civilization of Jining and important resources of the region.

Jining has surveyed and logged all kinds of cultural relics, totaling 4,479 sites of the city; of that 19 have been included in the list of the national key cultural relics protection units; 95 sites in the provincial protection list and 168 sites in the city protection list. The city also has a collection of 167,000 pieces of cultural relics, a real large city of cultural relics.

The rich collection of Jining can be accredited to the long history of the city and the effective protection made by the cultural relics administration institutions. Not long after the foundation of the People's Republic of China, Jining set up Qufu, Zouxian and Jiaxiang Wuliang Ancestral Temple cultural relics administrative committees. By 1990 all counties (cities and districts) have set up cultural relics administrative institutions. Jining set up Jining Cultural Relics Bureau in 1982 to contribute to the protection, collection, investigation, excavation, promotion and utilization of the cultural relics.

The state-owned cultural relics institutions in Jining have three channels to get the cultural relics collection: first, solicited by the cultural relics workers in the daily working in the past 60 years, collection from the waste collection stations, iron-making factories and banks, non-governmental donation, unearthed in the infrastructure building projects and confiscated in the cultural relics criminal crackdown actions. Second, unearthed by the cultural relics administration during the archaeological studies. After the foundation of the People's Republic of China, more than 20 sites have been excavated such as the relics of Western Xia Duke, Yedian, Wangyin Town, Yins' Residence, Xiwu Temple and the old city of the Lu State. And dozens of ancient tombs and cultural relics caches were excavated too. Most of the cultural relics unearthed are an important part of Jining's collection. What needs to be pointed out is that part of the cultural relics dug from the old city of the Xue State located in today's Zhangwang Town, Tengzhou City are also housed in Jining because it was under administration of Jining Administrative Office in 1978 when the excavation was conducted. Third, the cultural relics collected in the Confucius Family Mansion and Mencius Family Mansion. The collection in the Confucius Family Mansion in particular is very famous in the world in terms of the quantity and quality. Since Liu Bang, emperor of the Western Han Dynasty, paid reverence to Confucius in Qufu, Confucius family has been an eminent family irrespective of the dynasty changes. The lineal descents of Confucius had been favored by emperors of all dynasties since then, offered high posts and awarded land. Thus it was named the First Family of the World. Because of the special status of Confucius Family Mansion, a batch of cultural relics have been reserved, especially the costumes and the paper files. On the second day after liberation of Qufu, the People's Liberation Army had taken military control in time to the relics of Confucius tombs, temples and residence to prevent losses of the collection in Confucius residence.

The Article 3 of the Law of the People's Republic of China on the Protection of Cultural Relics stipulates, "Movable cultural relics, such as important material objects, works of art, documents, manuscripts, books, materials, and typical material objects dating from various historical periods, shall be divided into valuable cultural relics and ordinary cultural relics; and the valuable cultural relics shall be subdivided into Class I cultural relics, Class II cultural relics and Class III cultural relics." Since the promulgation of the Law on the Protection of Cultural Relics, the cultural relics collection institutions have classified the collection and housed the cultural relics according to the classification. The members of the national cultural heritage authentication committee have visited Jining for several times and entrusted Shandong Provincial Cultural Heritage

Authentication Committee to authenticate and classify the major collections after 1990. So far the collected cultural relics in Jining have been classified and managed according to the classification except the Class I cultural relics of few counties (cities, districts).

To promote Jining as a city and the rich cultural heritage and the excellent traditional culture of the city, we compile the data of the Class I cultural relics housed in Jining into a book named the Treasures of Cultural Relics of Jining. The Class I cultural relics are often considered demoiselle cherished in the imposing dwelling and seldom seen even by the counterparts. We attempt to show so many treasures in a book so as to give full play to the resource benefits of the cultural relics.

In the process of compile, we try to maintain the authenticity of the data and offer the background information of the items. We have made proofread and punctuated some of the classical Chinese and marked the uncommon words with pronunciation. We hope the book will enable the readers to learn these treasures and know their value.

目　录

书画古籍

佛教文物

Table of Contents

BRONZE WARE

JADE WARE

PAINTINGS, CALLIGRAPHIES AND ANCIENT BOOKS

BUDDHIST RELICS

陶 瓷 器

PORCELAIN

大汶口文化红陶提梁扁足釜形鎜(pàn)**鼎**

Handled tripod caldron (Ding) with terra cotta hoop-handle, flat-leg and cauldron-shape, Dawenkou Culture period

通高 17cm

鼎身为半球状，上部封闭，下为圜底，两肩上有提梁，肩上与提梁垂直的一侧安有圆柱状鎜手，三凿形足接于腹下，夹砂红陶。兖州王因遗址出土，现藏兖州市博物馆。

→大汶口文化黑彩叶脉纹彩陶杯

Vein-patterned black pottery, Dawenkou Culture period

高 16.8cm　口径 12.4cm　底径 7.45cm

全器涂红衣饰黑彩，彩纹共分二组，每组由十字线、圆点、弧线三角形和红陶衣一起构成红色花瓣形图案。兖州王因遗址出土，现藏济宁市博物馆。

春秋彩绘变体龙饰插件陶钫

Color-painted, transformed dragon-shaped pottery wine vessel (Fang), Spring and Autumn Period

通高 55.2cm　腹径 24.2cm

　　侈口，方唇，束颈，圈足。颈部四角饰变体龙饰。覆斗形盖，盖顶饰。九条变体龙饰。1978 年 12 月薛国故城 5 号墓出土，陶钫出土时，饰有白及浅黄色彩绘，鲜亮耀目，为古代陈设品。现藏济宁市博物馆。

汶上陶范
Pottery molds unearthed in Wenshang County

两箭范两种，其一长 14.3cm，宽 4cm。其二长 12.6cm，宽 4.5cm；四箭范长 14.5cm，宽 6.9cm；三棱范长 26.5cm，宽 3cm。

　　陶范现藏汶上县中都博物馆。范，为铸造器物的模具，古人常用的模具有石范、陶范等。汶上出土的这批战国箭范，定为一级文物的共 7 件，1992 年居民动土时出土。出土地点汶上县公园属县城大遗址的南部，东周时为鲁国中都邑治所。

1-2. 两箭合范　Two-arrow molds A, B and C
　　质地为灰陶，呈长方形，为合范，有浇口，浇口处有两个箭镞。
3. 四箭合范　Four-arrow mold
　　质地为黄褐陶，呈长方形，为合范，有浇口，浇口处有四个箭镞。
4. 三菱形箭镞合范　Tri-arris arrowheads mold
　　质地为灰陶，呈三棱形，为三组合范，有浇口。

战国绳纹廪(lǐn)铭深腹双柄灰陶量

Inscribed gray pottery measuring vessel with rope-pattern, a deep-belly and two handles, Warring States Period

通高 23cm　口径 31cm

　　战国绳纹廪铭深腹双柄灰陶量，泥质灰陶，直口，斜鼓腹，胎壁较厚，腹中部饰粗绳纹一周，平底，口外饰阴刻弦纹，通体饰绳纹，两侧各有一圆柱形把柄。陶量为邾国故城出土，时代为战国，现藏邹城市博物馆。陶罐内面底部有一"廪"字，是粮仓的专用量具。经中国社会科学院计量研究所测定，容积为19.52升。

西汉"任城厨酒器容十斗弟十平"陶罐

Pottery pot inscribed "Rencheng wine ware with capacity of 10 Dou and 10 flasks", Western Han Dynasty

高 32.8cm 腹径 37.9cm

　　泥质灰陶,敞口,平沿,方唇,短颈,广肩,圆腹,小平底。腹下部饰不规则的横竖绳纹。罐于济宁师专汉墓出土,西汉(公元前206—公元8年),现藏济宁市博物馆,罐的肩部刻有"任城厨酒器容十斗弟(第)十平(瓶)"共11字。两汉时期,今济宁城区置有任城县,东汉又设置任城国。

陶罐刻文拓本
Rubbing of inscriptions of the pottery pot

汉黄釉鸡首方把蹄足平顶盖陶盉

Pottery water utensil (He) with yellow-glazed rooster-like head, a square handle, a hoof-shaped feet and a flat cover, Han Dynasty

高 21.3cm

    直口，微敞，圆鼓腹斜下收，弧形盖，腹部塑鸟首形流，流有口，腹部饰一长方形鋬手，底部为三蹄形足，施青釉。盉，为古人的盛水器。兖州市龙桥窑厂出土，现藏兖州市博物馆。

东汉黄褐釉盘口双桥系陶壶
Brown-glazed pottery pot with two rigs and a tray-shaped mouth, Eastern Han Dynasty
通高 20.6cm

　　泥质红陶。盘口，口沿饰两圈绳纹，束颈斜肩，腹部逐渐下收，平底，双耳饰细绳纹，通体施黄褐色釉。嘉祥县纸坊镇范山范式墓发掘出土，现藏嘉祥县文物局。

西晋官将张阿□作范虎四系灰陶罐
Four-rig gray pot inscribed "Tiger mold made by government official Zhang A* (unidentified)", Western Jin Dynasty

高21.5cm　口径10.5cm　底径17cm

　　泥质灰陶，直口，方唇，广肩，平底。肩上有对称四系。在各系之间有一周水波纹和弦纹。1974年邹城市郭里镇独山村北刘宝墓出土，罐刻"官将张阿□作范虎"8字，现藏邹城市博物馆。

"官将张阿□作范虎"陶罐拓本
Rubbing of inscriptions of the pottery pot

隋彩绘执盾武士站俑
Color-painted standing warrior with a shield, Sui Dynasty
通高 56cm

　　泥质灰陶，立于方形底座上，俑双目深凹，张口高鼻，头戴护耳形头盔，为胡人形象。武士俑原有大红、粉红、深绿、白、黑等彩绘，现已斑驳。嘉祥县徐敏行墓出土，现藏济宁市博物馆。

执盾武氏陶俑背面
Back of the pottery warrior

隋彩绘武士骑马陶俑
Color-painted riding pottery warrior, Sui Dynasty
通高 27.2cm

　　马立于长方形平板上，通体施红、白两色釉，昂首挺立状，鞍上
一武士男俑。嘉祥县徐敏行墓出土，现藏济宁市博物馆。

唐三彩罐形蹄足炉
Pot-shaped, hoof-legged, Tang tricolor-glazed oven
通高13.7cm 口径11.3cm

　　侈口，卷沿，圆唇，短颈，鼓圆腹，圜底，三兽蹄足，肩部腹部和底部各饰两道弦纹，釉色以白色为主，间施赭黄、白、绿三彩釉。邹城市大束镇云山营村出土，现藏邹城市博物馆。

唐三彩骑马俑

Tang tricolor-glazed riding figurine

高 10.9cm

　　马作站立状，头略偏，四腿挺立，站于方形板上，马鞍上跨坐
一人，头戴冠，双手握住缰绳，底部无釉。兖州市小孟乡李海村出
土，现藏兖州市博物馆。

辽三彩龟形陶背壶
Tricolor-glazed, turtle-shaped pottery back-pot,
Liao Dynasty
长 28.2cm 腹径 15.3cm

　　龟形水器, 头为壶口, 四龟足形穿系, 背腹部饰黄褐色及绿色龟甲纹, 尾部为圈足。济宁市中区东门小区(今北菜市)出土, 现藏济宁市博物馆。

三彩龟形陶背壶背面
Back of the pottery back-pot

西晋青瓷蚕茧形虎头四足蹲伏绞索纹提梁虎子

Cocoon-like, crouching tiger-shaped celadon vessel with a
hoop handle and twisted rope-pattern, Western Jin Dynasty

长 24cm　高 18.5cm

　　器体呈蚕茧形,头作虎头状,四足前曲作蹲伏状,
背上有绞索纹弧形提梁,尾似蚯蚓状,腹侧阴刻羽翼纹
图案。1974年邹城市郭里镇独山村北刘宝墓出土,现
藏邹城市博物馆。

→北朝青釉龙首衔口双系堆塑鸡首瓷壶

Rooster head-shaped, green-glazed porcelain pot with a dragon-
head-like mouth and two ears, Northern Dynasty

高 24.1cm　腹围 33cm

　　盘口,壶颈细长,上腹较圆鼓,下腹瘦长,圈足,颈至
肩部贴塑双系,颈、腹部贴塑兽首,施青釉。兖州市内征集,
现藏兖州市博物馆。

隋象首圈足辟雍青瓷砚

Water-surrounded, celadon inkstone with an elephant-like head and
a hoop leg, Sui Dynasty

高 9.5cm　底径 28.2cm

　　器身圆形，砚面呈辟雍形，有砚墙、水池，中间为雍台，台
面有斑点，砚外部施青釉，内部无釉。兖州市旧关村出土，因
砚面为古代辟雍形，故名，现藏兖州市博物馆。

唐搅胎绿釉瓷枕

Mixed, green-glazed porcelain pillow, Tang Dynasty

长16.2cm　宽11cm　高8.1cm

　　枕呈梯形，胎为白、赭两色瓷土绞制而成，枕面饰菱形或交形菱形图案，施豆绿色釉，釉不及底。兖州市小孟乡李海村出土，同时出土的尚有唐三彩骑马俑(见本书)，现藏兖州市博物馆。

宋茶叶末釉凤首壶
Phoenix head-shaped pot with tea-dust glaze, Song Dynasty
高13.1cm　腹径7.8cm　底径4.5cm
　　器口部为凤首状，细长颈饰突弦纹数圈，鼓腹，凤首后部与壶肩部有曲柄相连，圈足外撇，通体施茶叶末釉，底部露胎。济宁军分区工地出土，现藏济宁市博物馆。

凤首壶足部
Leg of the phoenix head-shaped pot

元青花云龙缠枝莲纹罐
Blue-white porcelain pot with pattern of clouds, dragons and lotus, Yuan Dynasty

高 33cm　腹径 24cm　底径 13.5cm

　　直口，斜颈，丰肩，肩上有二龙形系，肩以下渐收，胎白釉青。通体纹饰由三部分组成，肩部饰青花缠枝莲花纹，腹部主题纹饰为青花云龙图案，肩部绘变体仰莲瓣纹。该罐为元末景德镇窑的产品，明鲁王朱檀之戈妃墓出土，现藏邹城市博物馆。

青花瓷罐云龙纹
Patterns of clouds and dragons on the blue-white porcelain pot

元黑釉铁锈花瓷碗

Black-glazed porcelain bowl, Yuan Dynasty

高 6.1cm 口径 13.7cm 底径 5.3cm

　　敞口，圆唇，收腹，圈足，器外饰半截釉，
器内为铁锈花斑。济宁市任城区徐庄乡张营张
楷墓出土，现藏济宁市博物馆。

瓷碗足部

Leg of the porcelain bowl

元龙泉窑龟形饰青瓷荷叶盘

Turtle-shaped, celadon lotus leaf-like plate made in Longquan
Kiln, Yuan Dynasty

高 6.8cm　口径 34.2cm

　　花口，卷唇，弧腹，圈足，盘的造型为一张栩栩如生的
荷叶，通体施釉，内心为龟形饰。济宁市中区回龙街窖藏出
土，现藏济宁市博物馆。

元龙泉窑青瓷荷叶形盘
Celadon lotus leaf-shaped plate made in Longquan Kiln, Yuan Dynasty
高 7.2cm　口径 33.9cm　底径 19.4cm

　　花口，卷唇，弧腹，圈足，盘的造型为一张栩栩如生的荷叶，盘内阴刻莲瓣形纹饰，通体青釉。济宁市中区回龙街窖藏出土，现藏济宁市博物馆。

元龙泉窑青瓷荷叶盖罐
Celadon lotus leaf-shaped pot with a lid made in Longquan Kiln, Yuan Dynasty
通高32.5cm　最大腹径32.1cm
　　直口，短颈，丰肩，圆腹向内弧形，圈足，盖面中部突起，顶部饰一茎
钮，釉色青绿。济宁市中区回龙街窖藏出土，现藏济宁市博物馆。同时出土
定为一级的还有瓷盘两件(见本书)。

元露胎贴花双龙纹龙泉瓷盘

Porcelain plate with pattern of two dragons made in Longquan
Kiln, Yuan Dynasty

高 2.7cm　口径 16.8cm　底径 5.2cm

　　盘折沿，弧腹，圈足，通体施青釉，盘底为两露胎翻
飞的蛟龙纹。现藏济宁市博物馆。

←元青花缠枝瓜果纹玉壶春瓷瓶

Blue-white porcelain vase with pattern of melons and fruits,
Yuan Dynasty

高 28.3cm　最大腹径 14.2cm

　　侈口，束颈，弧腹下垂，圈足，器身绘缠枝瓜果纹
饰。济宁市任城区二十里铺村出土，现藏济宁市博物馆。

明哥瓷梅瓶

Koware porcelain plum-pattern vase, Ming Dynasty

高 32.7cm　最大腹径 19.5cm　足径 10.9cm

　　小口，短颈、丰肩，收腹，平底圈足，足口素胎无釉，器身有棕眼，圈足与器下部交界处有缩釉。曲阜姚村镇马厂村明代墓葬出土，现藏曲阜市文物局孔府文物档案馆。

→**明龙泉窑青瓷刻花大盘**　Blue-white porcelain plate with flower pattern made in Longquan Kiln, Ming Dynasty

高 8.7cm　口径 46.2cm

　　敞口，腹深，内底隆起微拱，圈足。内壁刻饰缠枝花卉纹，内底刻饰方格纹、不规则菱形纹，外壁素面。圈足底部分无釉。孔府传世，现藏曲阜市文物局孔府文物档案馆。

→**刻花大盘局部**　Partial profile of the flower-pattern plate

明龙泉窑青瓷刻花大盘

Blue-white porcelain plate with flower pattern made in Longquan Kiln, Ming Dynasty

口径42cm 足径23cm

　　撇口，折沿，浅腹，平底，圈足。釉较厚，圈足底部分无釉。口沿内壁刻饰缠枝花卉纹，内底刻饰方格纹、不规则菱形纹。外壁素面。孔府传世，现藏曲阜市文物局孔府文物档案馆

刻花大盘局部　Partial profile of the flower-pattern plate

明永乐描金青花蕃莲碗
Gilded blue-white porcelain lotus-shaped bowl, Yongle Period, Ming Dynasty
高6.2cm　口径15.1cm　足径5.6cm

　　敞口，鼓腹，圈足，足口素胎。内壁上沿饰菱形纹，中间饰描金缠枝莲纹，碗内底饰青花蕃莲纹。外壁口沿下饰双环曲线纹，腹部饰青花缠枝莲纹，圈足底饰描金雪花纹，描金脱落。孔府传世，现藏曲阜市文物局孔府文物档案馆。

兖州巨王林村出土瓷器 Porcelain unearthed from Juwanglin Village

兖州兴隆镇巨王林村 1966 年出土的这批窖藏明代瓷器，为弘治年间(1488−1505 年)遗物，其中蒜头瓶、熏炉、白瓷瓶、盖罐、瓷盘共六件定为一级文物。现藏兖州市博物馆

明弘治白釉双螭（chī）蒜头瓷瓶
White-glazed, garlic-shaped porcelain vase with pattern of two hornless dragons, Hongzhi Period, Ming Dynasty
两件尺寸相同，通高 58cm

直口，圆唇，蒜头形，细长颈下垂，圆鼓腹，圈足，颈、肩部贴塑两只蟠螭，白胎白釉。

明弘治白釉双螭蒜头瓷瓶
White-glazed, garlic-shaped porcelain vase with pattern of two hornless dragons, Hongzhi Period, Ming Dynasty

　　直口，圆唇，蒜头形，细长颈下垂，圆鼓腹，圈足，颈、肩部贴塑两只蟠螭，白胎白釉。

1

2

3

明弘治开片铜镶边方腰堆塑双螭白瓷觚

Copper-rimmed, square-waist, white porcelain wine vessel (Gu), Hongzhi Period, Ming Dynasty

高 27.4cm　口径 16.5cm　底径 11.7cm

　　口为喇叭形，柄部细长，喇叭形圈足，柄中部有台，白釉，通体小开片。

← 1.明弘治白釉麒麟双螭三足瓷熏炉

White-glazed, tri-legged porcelain incense burner with pattern of a kirin and two hornless dragons, Hongzhi Period, Ming Dynasty

← 2.熏炉局部

Partial profile of the incense burner

← 3.熏炉局部

Partial profile of the incense burner

高 35cm　口径 22.5cm

　　敛口，直筒腹，平底，弧形盖，底有 3 兽蹄足。现藏兖州市博物馆。

明弘治青花"金玉长命富贵"瓷盖罐
"Gold, jade, longevity and treasure" porcelain pot with
a lid, Hongzhi Period, Ming Dynasty

高19.2cm 口径11cm 腹围65.6cm 底径12.7cm

直口，扁圆腹，底内收，矮圈足，弧形盖，蘑菇形钮，施白釉，釉闪青。

富贵罐局部
Partial profile of the pot

明弘治景德镇窑青花云龙纹瓷盘
Blue-white, cloud and dragon-patterned porcelain
plate, Jingdezhen Kiln, Ming Dynasty
高 3.5cm　口径 15cm　底径 8cm
　　撇口，浅弧腹，圈足，釉色白色闪青，口沿
内侧饰菱格纹，底心、外壁饰云龙纹。

瓷盘底部
Bottom of porcelain plate

明万历款青花"一鹭青莲"图小碗
Blue-white porcelain bowl with the pattern of "an aigrette in a lotus pond" picture, Wanli Period, Ming Dynasty

高 2.4cm　口径 8.2cm

　　敞口，折沿，平底，圈足，足口素胎。内壁口沿粗弦纹，下周饰荷叶花卉、水草纹，腹下部光素，内底饰"一鹭青莲"图纹。外壁口沿、圈足饰双弦纹，腹部饰花草纹。圈足底双圈双竖行楷书"大明万历年制"款。孔府传世，现藏曲阜市文物局孔府文物档案馆。

俯视图
Planform

瓷碗足部
Leg of the bowl

明万历款青花白描花草小碗

Blue-white porcelain bowl with pattern of flowers and plants, Wanli Period, Ming Dynasty

分两种，其中两件口径10.7cm，足径6.4cm；另两件口径10.4cm，足径6.2cm；

敞口，折沿，腹深，平底，圈足，足口素胎，青花白描纹饰。内壁口沿双弦纹，腹底部均白描花草卷云纹，中间以双弦纹分隔。外壁口沿下双弦纹，腹部白描花草卷云纹。圈足底双圈双竖行楷书"大明万历年制"款。孔府传世，现藏曲阜市文物局孔府文物档案馆。

瓷碗足部

Leg of the bowl

明万历款青花云龙纹笔架

Blue-white porcelain brush holder with pattern of clouds and dragons, Wanli Period, Ming Dynasty

高13cm　长17.5cm　宽4.5cm

　　器呈"山"字形，底为长方形，底口素胎无釉。中为青花正龙，两侧各有一盘龙相对，间绘云、火焰、山崖等纹饰。底座与上部以绹纹相隔，中绘须弥纹。器底长方双栏内横写楷书"大明万历年制"款。孔府传世，器底为"大明万历年制"楷书款，现藏曲阜市文物局孔府文物档案馆。

明青花婴戏图蒜头瓶

Blue-white porcelain garlic-shaped vase with pattern of happy babies, Ming Dynasty

高 16.5cm　腹径 8.5cm

　　敛口，蒜头状口，削肩、鼓腹、圈足，足口素胎。口沿绘双弦纹、花瓣纹，颈部绘山石、花卉，肩部绘卷云纹，腹部绘童子嬉戏图。圈足底素面。曲阜市枣庄农民捐献，现藏曲阜市文物局孔府文物档案馆。

→明景德镇青花缠枝牡丹梅瓶

Blue-white porcelain vase with pattern of peonies and plums made in Jingdezhen, Ming Dynasty

通高 32.5cm　口径 6.5cm　底径 10.5cm

　　小口短颈，丰肩平底。纹饰由三部分组成，以弦纹相间隔，腹部主题纹饰为缠枝花卉，肩部饰缠枝牡丹。邹城市横河村"高密昭和王"墓出土，现藏邹城市博物馆。

明万历青花八宝小碗

Blue-white porcelain bowl painted with eight treasures, Wanli Period, Ming Dynasty

高 3.8cm 口径 10.5cm 足径 5.2cm

　　敞口，腹深，碗内底弧形拱起，圈足，足口素胎，胎质细腻。内壁口沿饰双弦纹，腹部、内底饰"八宝"纹，内底外圈饰一周莲瓣纹。外壁口沿、圈足均饰双弦纹，腹部饰花草纹，圈足内有"大明万历年制"楷书款。孔府传世，现藏曲阜市文物局孔府文物档案馆。

明万历"万福攸同"款青花鱼藻纹小盘　Blue-white porcelain plate with pattern of fish and algae, Wanli Period, Ming Dynasty

高3.3cm　口径14.7cm　足径7.6cm

　　盘敞口，折沿，腹较深，平底，圈足，足口素胎。内壁周饰水藻纹，中间饰一条游鱼。外壁饰双弦纹，腹部饰折枝花卉。圈足底双圈双竖行楷书"万福攸同"款。孔府传世，现藏曲阜市文物局孔府文物档案馆。

小盘足部　Leg of the plate

1. 明万历款青花"五谷丰登"人物图碟

Blue-white porcelain plate with pattern of people celebrating harvest, Wanli Period, Ming Dynasty

高2.4cm　口径9.8cm　足径5.5cm

　　敞口，折沿，腹较深，平底，圈足，足口素胎。内壁周饰青花缠枝莲纹，中间饰青花人物"五谷丰登"图。外壁腹饰"杂宝"纹，圈足外周饰卷云纹。圈足底双圈双竖行楷书"大明万历年制"款。孔府传世，现藏曲阜市文物局孔府文物档案馆。

2. 青花碟俯视图　Planform of blue-white porcelain plate

3. 青花碟足部　Leg of blue-white porcelain plate

明万历青花八宝小盘
Blue-white porcelain dish with eight treasures, Wanli Period, Ming Dynasty
尺寸分两种，之一：口径11cm，足径6.7cm　之二：口径10.9cm，足径6.7cm
　　敞口，折沿，腹较深，平底，圈足，足口素胎。内壁口沿双弦纹，腹底部饰"八宝"纹，中间以双弦纹分隔。外壁口沿、圈足饰双弦纹，腹部饰折枝花草。圈足底双圈双竖行楷书"大明万历年制"款。孔府传世，现藏曲阜市文物局孔府文物档案馆。

清雍正款粉彩花卉盘
Pink flower-patterned plate,
Yongzheng Period, Qing Dy-
nasty

高 3.7cm　口径 15cm
足径 8.5cm

　　敞口, 平底, 圈足, 足口
素胎, 胎质薄, 釉色温润。内
壁饰牡丹花、百合花、菊花,
墨线勾勒纹饰, 圈足底青花
圆形双栏, 双竖行楷书"大清
雍正年制"款。为孔府传世
品, 现藏曲阜市文物局孔府
文物档案馆。

粉彩花卉盘俯视
Planform of the pink flower-
patterned plate

1

2

3

1. **清雍正款粉彩花卉盘**
Pink flower-patterned plate,
Yongzheng Period, Qing Dynasty

　　高4，口径19.3，足径12厘米，敞口，平底，足口素胎，内壁饰牡丹花、百合花、菊花，墨线勾勒纹饰，圈足底青花圆形双栏、双竖行楷书"大清雍正年制"款。孔府传世，现藏曲阜市文物局孔府文物档案馆。

2. **粉彩花卉盘局部**
Partial profile of the pink flower-patterned plate

3. **粉彩花卉盘足部**
Leg of the pink flower-patterned plate

1

1. 清雍正粉彩瓷洗

Pink porcelain brush washer, Yongzheng Period,
Qing Dynasty

高8.4cm　口径36.4cm　足径21cm

　　撇口，折沿，口沿描金，深直腹，圈足。
瓷洗折沿彩绘琴棋书画、博古图，内底水墨
绘山水人物图，外壁彩绘蝙蝠、海水纹，足
底素面。孔府传世，现藏曲阜市文物局孔府
文物档案馆。

2. 瓷洗俯视图

Planform of the porcelain brush washer

3. 瓷洗局部

Partial profile of the porcelain brush washer

2

3

清雍正斗彩凤凰牡丹纹瓷绣墩
Porcelain stool with pattern of phoenixes and peonies, Yongzheng Period, Qing Dynasty
高44cm　腹径29.6cm

　　长鼓形，鼓腹，平底。底素胎无釉，中为圆形穿孔。器身纹饰均以青花勾边，填以彩色釉料。鼓面平，彩绘百花图，中间镂空圆形穿孔。器身以两周黄彩鼓钉划分为三部分，上部彩绘百花图；中部绘五彩缠枝牡丹、花卉、凤凰纹饰，两侧有绿彩狮钮，前后正中对称镂空圆形方孔；下部彩绘百花图。为孔府传世品，现藏曲阜市文物局孔府文物档案馆。

清乾隆款粉彩"福禄寿"鹿头尊 Pink wine vessel (zun) with patterns of bats, deer and peaches, simplifying fortune, prosperity and longevity, Qianlong Period, Qing Dynasty

高 45.1cm　腹径 37.8cm

　　直口,腹上敛下垂,圈足,肩两侧有对称珊瑚釉夔龙耳,以青绿山林为景,并绘有蝙蝠、奔鹿、寿桃等图画,故谐音为"福禄寿"尊。器底有"大清乾隆年制"篆书款。为孔府传世品,现藏曲阜市文物局孔府文物档案馆。

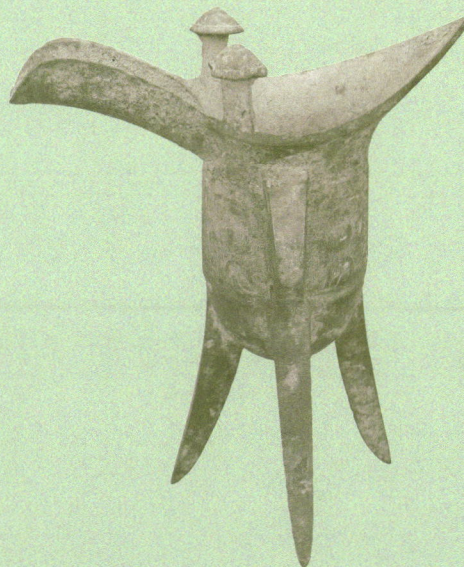

青 铜 器

BRONZE WARE

1. **商代兽面纹铭文青铜觚**（gū）
Bronze wine vessel (Gu) with beast
face pattern and inscriptions, Shang
Dynasty

高 21.8cm　口径 13.6cm
底径 8.5cm

　　喇叭口, 细腰, 平底, 圈足,
腰中部为一箍形圈饰, 上饰兽面
纹。这件铜觚造型优美, 纹饰清
晰。邹城市原化肥厂遗址出土。
有铭, 待识, 现藏邹城市博物馆。

2. 铜觚箍饰
Hoop decoration of the bronze wine
vessel (Gu)

3. 铜觚铭文
Inscriptions on the bronze wine
vessel (Gu)

商代兽面纹兽鋬铭文青铜爵

Bronze wine vessel (Jue) with beast face pattern,
beast-shaped handles and inscriptions, Shang
Dynasty

通高 22.3cm 流至尾长 18.4cm

　　铜爵杯体偏长,杯壁较直,窄流长尾,菌
形柱,扁平鋬,圜底,棱锥状足,腹部有半
圆形素面把手。邹城市原化肥厂遗址出土。
有铭,待识,现藏邹城市博物馆。

铜爵文字与图案

Inscriptions and patterns on the bronze wine
vessel (Jue)

商代田庚父素鋬青铜爵

Handled bronze vessel (Jue) with inscriptions, Shang Dynasty

通高 20cm　腹深 9cm　足高 8.5cm

　　杯体偏长，杯壁较直，腹部有半圆形素面把手。把手内有铭文"田庚父"三字，邹城市小西苇村出土。现藏邹城市博物馆。

商周十供　Ten bronze wares from Shang and Zhou dynasties

　　"商周十供"是乾隆皇帝赐给孔府的铜礼器，以作为祭器，盛放供品，祭祀孔子。因十件铜器均为商(公元前16世纪－前1046年)、周(公元前1046－前221年)时期的，故俗称"商周十供"，现藏曲阜市文物局孔府文物档案馆。

商"木工册"款兽面纹铜鼎
Beast face-patterned bronze tripod caldron with inscriptions on the inside wall, Shang Dynasty

通高 30.5cm　口径 24.7cm

　　青铜质，立耳，平口折沿，腹下微鼓，圜底，柱形足。口沿下饰六组兽面纹，均以凸棱作鼻梁，下腹素面无纹饰。柱形足上部与腹承接处饰兽面纹，以扉棱作鼻梁，腹底部有三条合范铸的印迹。其器内壁有二竖行七字铭文"作父戊鼎木工册"。

商兽面纹铜觚　Beast face-patterned bronze wine vessel (Gu)

通高 32cm

　　青铜质，圆体，形似喇叭，侈口，细颈，腹微鼓，喇叭形高圈足，腹部与圈足均有四道竖扉棱，颈下部与腹、腹与圈足皆以两道凸弦纹相隔，颈部为素面、腹部及圈足皆铸乳丁兽面纹。圈足上有两个十字镂孔。圈足内壁铸铭文"十"。

商"册父乙"卣（yǒu）
Wine vessel (You) with inscriptions on the lid and inside
wall of the bottom, Shang Dynasty
通高 33cm

青铜质，椭圆体状，口颈微敛，鼓腹下垂，圈足
外撇，有盖，菌状盖钮。器、盖为子母口，器腹两侧
有环耳，衔绳纹提梁，口沿下饰一周菱形雷纹，中间
浮雕一兽首，腹部素面，圈足饰两道凸弦纹。器盖和
器底内壁竖行对铭"册父乙"三字。

铜卣铭文
Inscriptions on the bronze wine vessel (You)

周铜牺尊
Bronze wine vessel (Zun) for sacrifice, Zhou Dynasty

长39cm　宽14.5cm　通高29cm

　　青铜质，羊形，双耳向后竖立，身体肥壮，短尾，腿较粗壮，四蹄形足。背上有一小椭圆形盖，可开合，器身素面无纹饰。

→周"伯彝"款兽面纹铜簋（guǐ）
Bronze food vessel (Gui) with beast face pattern and inscriptions on the bottom, Zhou Dynasty

口径23.2cm　高15.7cm　底径14.8cm

　　青铜质，圆形，侈口，颈微敛，腹微鼓，圜底，圈足外撇。两侧附兽首象鼻耳，其下有珥。器身纹饰以带纹划为两部分，上部饰四组变形兽面纹，前后正中浮雕一兽首；下部饰两组变形兽面纹，以凸棱作鼻梁，圈足饰四组变形兽面纹，也以凸棱作鼻梁。器内底铸有铭文四竖行，仅可辨六字为"伯作尊彝用……永……"。

→周窃曲纹铜簋
Bronze food vessel (Gui) with curve pattern, Zhou Dynasty

通高22.3cm　口径19.5cm　足径21.8cm

　　青铜质，圆形，器、盖为子母口，覆碗状盖，鼓腹，双兽耳下有垂珥。盖饰瓦纹和窃曲纹，器身上部饰窃曲纹，下部为瓦纹。圈足饰垂鳞纹，三蹄形足上部浮雕兽面纹。

周双立耳方形四足铜鬲（lì）

Square bronze cooking utensil (Li) with two vertical ears and four legs, Zhou Dynasty

通宽21.0cm　通高24.2 cm

　　青铜质，长方形，平折沿，双立耳，腹微鼓，下有四蹄形足。器腹一周饰有八个凸起的矩形图案。器底有四条内凹弧线相交而成的长方形合范铸印迹。

→周夔（kuí）凤纹簠（fǔ）

Phoenix-patterned food vessel (Fu) with inscriptions, Zhou Dynasty

口：长径28.5cm　短径22cm　高8.6cm

　　青铜质，长方形，口外侈折沿，兽首形双耳，腹斜收，下有四矩形短足，口沿下饰一周乳丁云雷纹，器腹饰相背夔凤纹。器内底铸有三竖行铭文"口自作口簠其子孙永宝用"共十一字。

→铜簠纹饰

Pattern of the bronze food vessel (Fu)

东周错金银夔凤纹铜豆
Gold and silver-embedded bronze food vessel (Dou) with
phoenix pattern, Eastern Zhou Dynasty

口径16cm　足径12.3cm　通高25cm

　　青铜质，通体错金银，器、盖为子母口扣合，覆碗
状盖，双环耳，喇叭形圈足，盖饰错金银三角卷云纹及凤
鸟纹，腹饰凤鸟纹和鸱枭纹，圈足饰变形动物纹饰及夔
纹。

←周饕餮（tāo tiè）纹双立耳铜甗(yǎn)
Two vertical-eared Bronze cooking utensil (Yan) with Taotie (a
mythical ferocious animal) pattern, Zhou Dynasty

口径27cm　通高39cm

　　青铜质，甑、鬲连铸，甑为侈口，双立耳，腹直深，底有
十字形箅孔。鬲分裆，圆形柱足。甑口沿下饰一周乳丁云雷纹，
甑腹素面无纹饰，鬲腹饰浮雕饕餮纹。

西周扉棱兽面纹高圈足青铜尊

Bronze wine vessel (Zun) with animal-faced patterns and a high
hoop support, Western Zhou

高 30.5cm　口径 23.2cm　底径 15.8cm

　　形体似瓠，侈口，喇叭形高圈足，从口至足饰有四道
对称的扉棱，口沿下饰焦叶纹和兽面纹，腹部为夔纹，圈足
为蟠虺纹。泗水县出土，现藏济宁市博物馆。

西周索父癸饕餮锥形足青铜爵

Bronze wine vessel (Jue) with cone-shaped legs made by Fugui for Suo Tribe, Western Zhou

高 19.3cm

　　流狭长，尾尖，菌形双柱，圆体圆底，鋬部饰有兽首，三脚锥形足，腹部饰有饕餮纹。铜爵出土于兖州市李宫村，为西周早期器物。铜爵的把手下铸有"索父癸"三字，据考是索氏族遗留至今的铜器，"父癸"则是作器主人名字。同出的器物尚有"索册父癸"提梁卣，两件均是"父癸"的自作器。"册"即"册封"，是说受到天子的册封。《左传·定公四年》记有西周初年周天子分封给鲁国的"殷民六族"，其中就有索氏族，铜爵出土地点距离西周鲁都曲阜仅20余公里，出土文物与文献记载不悖。铜爵现藏兖州市博物馆。

铜爵铭文

Inscription on the bronze wine vessel

西周索册父癸饕餮青铜提梁卣

Bronze wine vessel (You) with a hoop handle and Taotie patterns recording
the conferring of Suo Tribe made by Fugui, Western Zhou

高32cm　口径10.9cm　腹围56.52cm　底径14.4cm

　　卣有盖，盖钮呈小圈足状。直口，长颈，鼓腹，圈足。颈部饰纹
条提梁，系在颈两侧的环形耳鼻上，盖、颈、圈足饰饕餮纹。兖州市
李宫村出土，现藏兖州市博物馆。

提梁卣铭文

Inscription of the wine vessel with a hoop handle

西周饕餮纹青铜觚
Bronze beaker (Gu) with Taotie patterns, Western Zhou
高 25.5cm　口径 15.2cm

　　呈喇叭形，细柄，喇叭形圈足。柄部饰饕餮纹和弦纹及圆点圈带纹。兖州市武装部院内（王翰林旧宅）出土，现藏兖州市博物馆。

西周"羊"饕餮锥足青铜爵

Bronze wine vessel (Jue) with the emblem of Yang tribe, cone-shaped leg and
Taotie patterns, Western Zhou

通高 21.3cm

　　流狭长，尾尖，菌形双柱，圆体圆底，鋬部饰有兽首，三脚锥形
足，腹部饰有饕餮纹。铜爵出土于兖州市嵫山，为西周早期铜器。其把
手内铸有"羊"字族徽，说明商周时期曾有以羊为图腾的氏族在这里定
居。铜爵现藏兖州市博物馆。

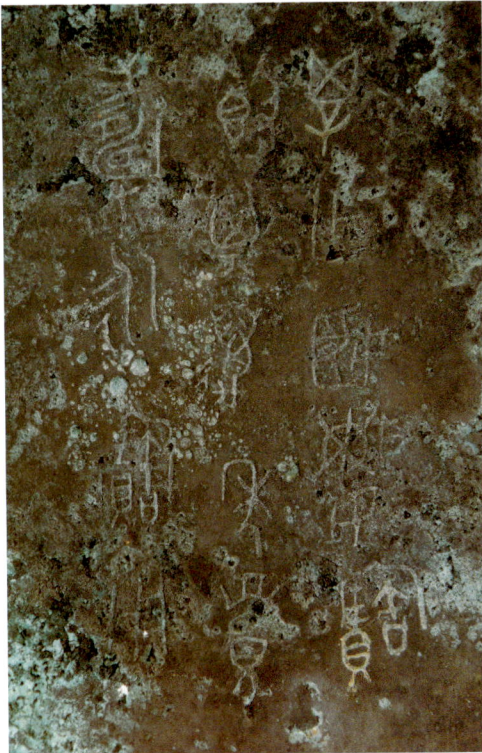

西周瓦棱纹龙首双耳兽足盖底同铭青铜簋

Bronze food vessel (Gui) with wa shaped dragon head patterns, two rigs, and animal feet, the lid and the bottom having the same inscription, Western Zhou

高 25.5cm　口径 21.5cm　底径 21.5cm　腹径 25.5cm

　　体形宽伟，圆盖，盖面隆起，盖握作圈状，子母口，圆腹，龙首耳，有垂珥，圈足上有三兽头，下为兽爪形足，盖上及腹部均铸成横条沟纹。簋出土于邹城市峄山镇大庄四村，盖与器内对铭，文曰："□作姬□宝簋，其万年眉寿，永宝用"，现藏邹城市博物馆。

铜簋铭文

Inscription on the bronze food vessel

西周伯驷父浅腹双附耳窃曲纹圈足青铜盘

Shallow bronze plate with two rigs and curled patterns made by Bosifu, Western Zhou

通高13cm　口径37.7cm

　　敞口窄缘，浅腹，腹外附双耳，圈足低而外侈，腹部饰窃曲纹，圈足饰斜角雷纹，耳部饰重环纹。铜盘出土于邹城市田黄镇栖驾峪村，为西周（前1046—前771年）器物。其内底部铸有15字，文曰："伯驷父作姬沦媵盘，子子孙孙永宝用。"从铭文看，铜盘应是鲁国贵族伯驷父为其女儿姬沦出嫁时制作的陪嫁之物，因作器者为"伯驷父"，故名。与铜盘同时出土的还有"鲁宰驷父鬲"，现藏邹城市博物馆。

铜盘铭文

Inscription of the bronze plate

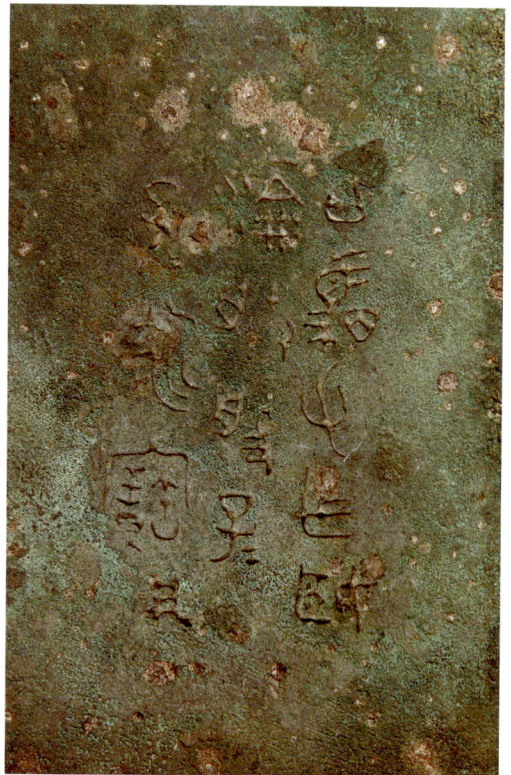

西周鲁宰驷父兽面纹蹄形足青铜鬲
Bronze food cooking vessel (Li) with animal face patterns and hoof-shaped feet made by Lu Zai (an official of Lu State) Sifu, Western Zhou

通高 11cm　口径 12cm　腹深 7cm

　　宽平沿略向外折，束颈圆肩，低体浅腹，腹部略鼓，腹饰变形兽面纹，宽裆平底，矮兽蹄形足，三足之上各有一条凸起的扉棱。铜鬲现藏邹城市博物馆，为西周（前1046—前771年）器物。口沿部铸有铭文15字，文曰："鲁宰驷父乍姬□媵鬲，其万年永宝用"。这是鲁宰驷父为女儿制作的嫁妆之一，该鬲与"伯驷父铜盘"同出一墓，故"鲁宰驷父"与"伯驷父"应是同一人。

铜鬲铭文拓本
Rubbing of the bronze food cooking vessel inscription

1

2

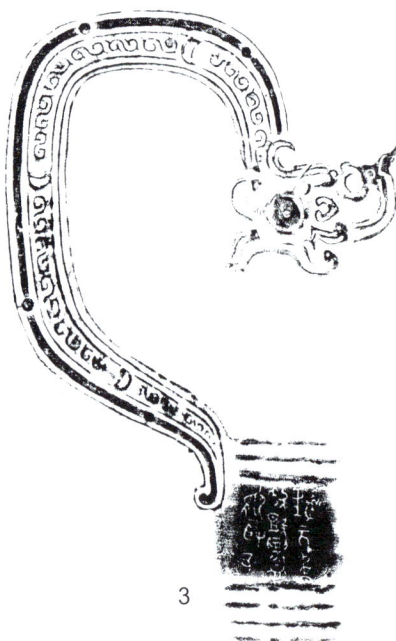

3

1.西周立体龙形管状銎陬铭青铜钺
Standing dragon-shaped bronze battle-axe
(Yue) with a tube-shaped hole and inscriptions,
Western Zhou

全长：21cm 銎 6.1cm

　　器型呈耳形片状，上部弯曲的顶端
作立体龙身，龙首向下，下端有长管状
銎，可安装长柄。銎上下两侧有突起的
箍饰。为西周兵器，1980年出土于邹城
市张庄镇小彦村，铜钺的箍饰间镌有九
字铭文，其中有地名"陬"，《左传》有
孔子父亲"陬叔纥"的事迹记载。《孔子
家语》等史籍则记载孔子父亲为"陬邑
大夫"。铜钺的出土地点距孔子的出生地
10余公里，文物与文献得以相互印证。
铜钺现藏邹城市博物馆。

2.铜钺铭文
Inscription of the bronze battle-axe

3.铜钺拓本
Rubbing of the bronze battle-axe

西周 "侯母" 铭夔纹螭耳铜壶

Bronze kettle with Kui (one-legged monster) patterns and Chi (hornless dragon)-shaped rigs and inscriptions of "Hou Mu", Western Zhou

通高39cm 腹径27cm

　　青铜质。器呈卵形，平口短颈，腹鼓，圈足。盘龙钮盖，两侧各有小环耳，器身上部两侧各一螭首环耳，器腹下部两侧各一方形环耳。器身纹饰共分四层，从上至下分别为夔龙纹、叶脉纹、夔纹、叶脉纹，圈足饰垂鳞纹。铜壶为鲁国故城遗址48号墓出土，壶的盖沿和壶口各铸有一周铭文，文曰："侯母乍侯父戎壶，用征行，用求福无疆。"因作器主人为"侯母"，故名。现藏曲阜市文物局孔府文物档案馆。

铜壶纹饰
Pattern of the bronze kettle

←西周"鲁白悆"窃曲纹双兽耳虎钮铜盨（xū）

Bronze food vessel (Xu) with curled pattern, two animal-shaped rigs and tiger-shaped button made by Lu Bai Shu, Western Zhou

长 35.4cm　宽 17.7cm　通高 19.2cm

　　青铜质。器呈圆角长方形，器、盖子母口，两侧有兽首鋬，盖上浮雕虎钮、四夔龙纹。盖面饰兽纹和瓦纹；盖沿、口沿、圈足饰窃曲纹，器腹饰瓦纹。铜盨为鲁国故城遗址 30 号墓出土，盖内及器底内底部铸有对铭，共 37 字，文曰："鲁白悆用公龙，其肇作其皇考皇母旅盨□，悆□□用追孝，用□多福，悆其万年□寿，永宝用享"。因作器主人为"鲁白悆"，故名。现藏曲阜市文物局孔府文物档案馆。

←铜盨对铭

Inscription of the bronze vessel

西周"鲁中齐"铜鼎

Bronze cooking vessel made by Lu Zhong Qi, Western Zhou

　　青铜质。此器敛口平唇，双立耳，腹微鼓，圆底三蹄足。两耳外侧饰凹弦纹，颈饰重环纹，腹饰垂鳞纹。鼎为鲁国故城遗址 48 号墓出土，西周晚期，定为一级的共 2 件，2 件器物式样相同，其中一件通高 25.7cm；口径 26.7cm，器物内壁铸有相同的文字共 22 字，文曰"鲁中齐肇作皇考□鼎，其万年眉寿，子子孙孙永宝用享。"因作器主人为司徒鲁中齐，故名。现藏曲阜市文物局孔府文物档案馆。

西周"鲁中齐"铭垂鳞纹双耳三足
铜甗
Tripod bronze cooking utensil (Yan)
with vertical scale patterns, two rigs and
inscription Lu Zhong Qi, Western Zhou

口径 31cm　高 41.7cm　壁厚 0.6cm

　　青铜质。器由甑、鬲两部分组
成。甑圆形,侈口束颈,折肩附耳,
敛腹平底,底部有九个十字形箅孔,
甑下有榫圈套入鬲口,下部是附耳
圆鬲,敛口束颈,鼓腹,圈底,下承
三蹄足。甗为西周晚期,1978 年于
鲁国故城遗址 48 号墓出土,器腹内
壁铸有 18 字,文曰"鲁中齐作旅甗,
其万年眉寿,子子孙孙永宝用",因
作器主人为司徒鲁中齐,故名。现藏
曲阜市文物局孔府文物档案馆。

铜甗箅子
Grate of the bronze cooking utensil

西周"鲁中齐"夔纹兽首鋬四足铜匜（yí）
Four-foot bronze vessel (Yi)with Kui patterns and animal head shaped handle made by Lu Zhong Qi, Western Zhou

长 34.7cm　宽 17cm　通高 19cm

　　青铜质，器呈椭圆形似瓢，前流微翘，深腹圆底，兽首鋬，下有四个夔龙蹄形足。口沿及流下饰夔纹，腹饰瓦纹。匜为西周晚期，1978年鲁国故城遗址48号墓出土，器内底部铸有27字，文曰"鲁司徒中齐肇乍皇考白（伯）走父宝匜，其万年眉寿，子子孙孙永宝用享"，因作器主人为司徒鲁中齐，故名。该器是鲁中齐为他的父亲伯走父制作的用具，现藏曲阜市文物局孔府文物档案馆。

铜匜铭文　Inscription of the bronze vessel

西周"鲁中齐"铭双牺耳三童足铜盘

Bronze plate with three feet and two animal-shaped rigs made by
Lu Zhong Qi, Western Zhou

通高 15.5cm　口径 38.7cm　足径 28.1cm

　　青铜质。浅盘，折沿，附耳外折，上饰卧牛，圈足下雕
饰三人蹲座，盘壁饰窃曲纹，圈足饰垂鳞纹，盘底有菱形格
纹。盘为西周晚期，1978年鲁国故城遗址48号墓出土。盘为
洗手用具，与匜配套使用。内有铭文15字："鲁司徒中齐肇乍
盘，其万年永宝用享"。现藏曲阜市文物局孔府文物档案馆。

铜盘铭文拓本
Rubbing of the bronze plate inscription

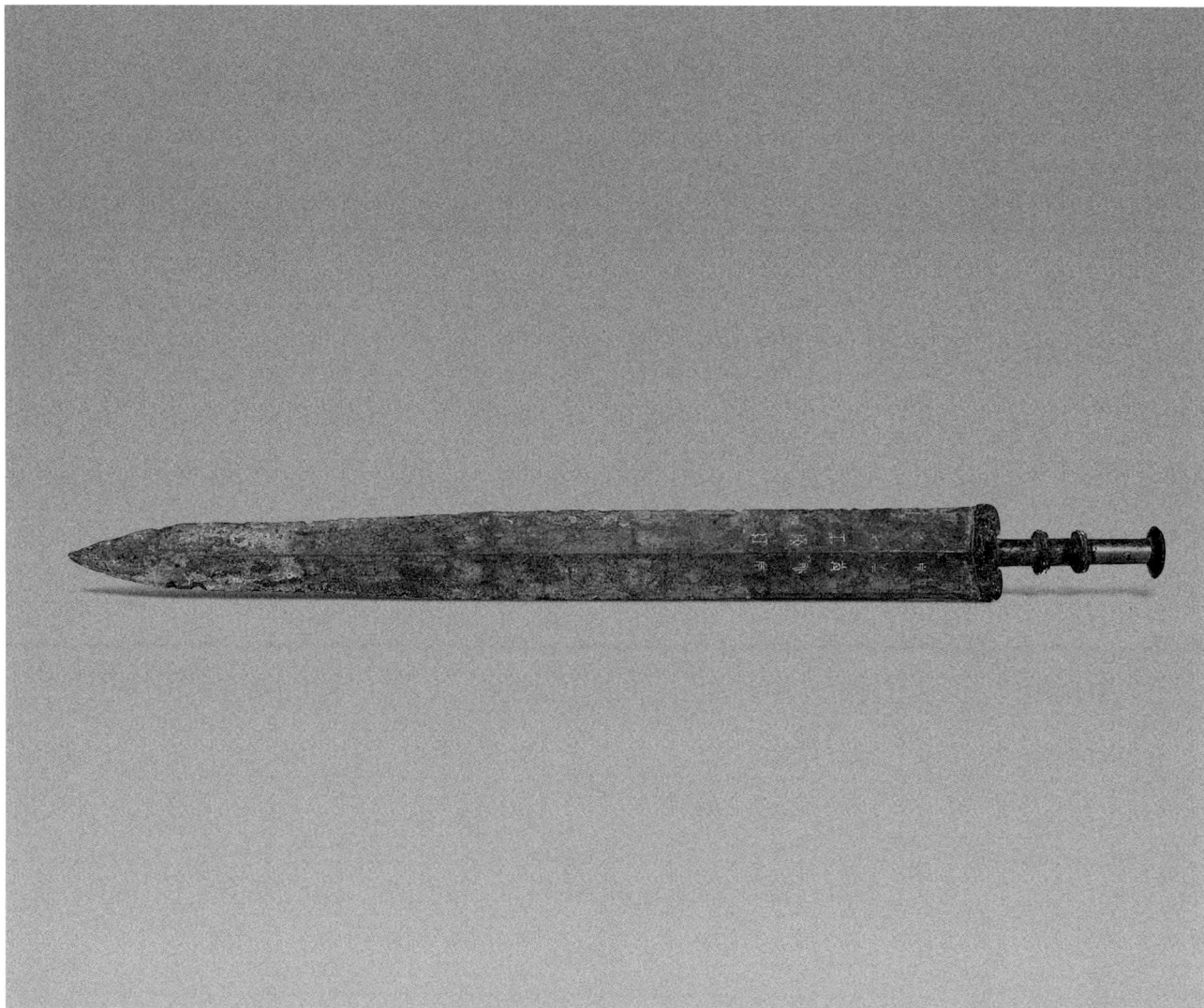

春秋吴王夫差青铜剑
Bronze sword made by Wu State King Fuchai, Spring and Autumn Period
通长 59.5cm　宽 5.4cm

　　剑首作圆箍形，茎为圆柱形，有双箍，镡作倒凹字形，饰兽面纹，脊呈直线，斜丛而宽，前锷收狭。剑征集于邹城市朱山村，剑的下部铸有"攻吾王夫差自作其元用"10字。吴王夫差为春秋晚期的吴国国君，公元前496年—前475年在任，曾伐鲁。该剑应是春秋宝剑中的上品，现藏邹城市博物馆。

吴王夫差剑铭文　Inscriptions on Wu State King Fuchai's sword

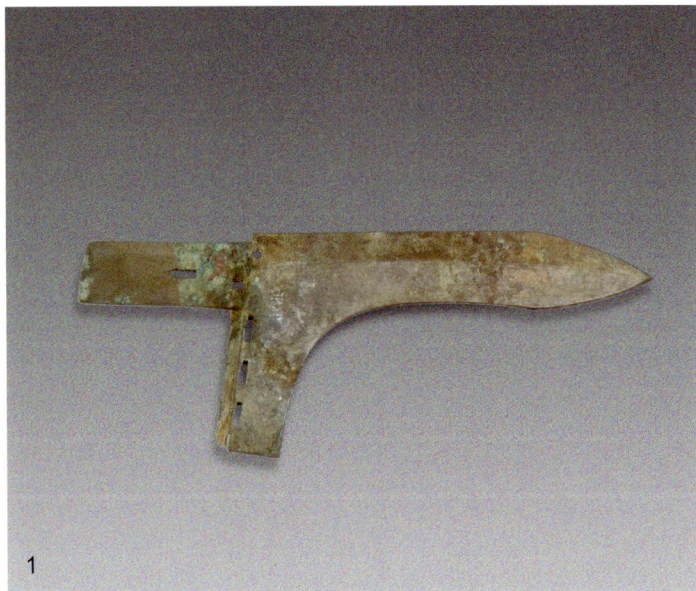

1

2

3

4

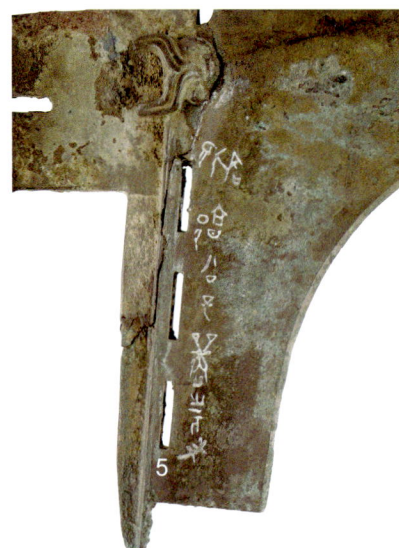

5

1. **春秋青铜戈** Bronze dagger, Spring and Autumn Period
   三角形前锋，宽援，援中有脊，上刀平直，阑侧三穿，援后端一半圆形穿，下齿较长，长方形内，后端上斜，有一长方形穿。铜戈共3件定为一级文物，其中两件铸有铭文。其一铭曰"薛比造□宋夷戈"，其二铭曰"薛国公子商徽戈"，3件铜戈于1978年12月薛国故城1号墓出土，现藏济宁市博物馆

2. 春秋青铜"薛比造"戈
   Bronze dagger with the inscription "Xue Bi Zao (Made by Xue Bi)", Spring and Autumn Period
   长 25.2cm

3. "薛比造"戈铭文
   Inscription of the dagger with the inscription"Xue Bi Zao"

4. 春秋青铜"薛国公子"戈 Bronze dagger with the inscription "Xue State Childe (Gongzi)"
   长 21.2cm

5. "薛国公子"戈铭文
   Inscription of the dagger "Xue State Childe (Gongzi)"

春秋龙形錾兽首蹄足圆形盖鸟形钮青铜盉（hé）
Bronze utensil (He) with dragon-shaped handle, animal head and hoof-shaped feet, round cover and bird-shaped button, Spring and Autumn Period
高19cm　腹径15.8cm

　　直口，腹扁圆，三蹄形足，平盖，兽首形流，盖顶立一展翅欲飞的小鸟，錾作一龙状，口衔一小蛇。1978年12月薛国故城4号墓出土，现藏济宁市博物馆。

春秋兽首形"寿元"青铜杖首

Animal head shaped bronze crutch head with inscription Shou Yuan,
Spring and Autumn Period

长17.4cm 宽10.3cm

    扁圆形柄，兽首形首，圆銎，銎口微齿形沿，銎上部饰涡纹一周。1978年12月薛国故城2号墓出土，柄部铸有"寿元"二字，故名。现藏济宁市博物馆。

春秋青铜提梁"薛侯行壶"
Bronze kettle with a hoop handle and inscription, Spring and Autumn Period
高 22.8cm　腹径 13cm　底径 6cm
　　鼓腹，平底，兽首耳，有盖，盖两侧为兽首衔环，链状提梁穿于环中。腹下部有一兽环形钮，颈部饰蟠螭纹。1978年12月出土于薛国故城3号墓，腹部自铭"薛侯行壶"，是薛国诸侯生前使用的水壶。现藏济宁市博物馆。

"薛侯行壶"铭文
Inscription of Xuehou Kettle

薛国列鼎 Cooking vessel (Ding) set of Xue State

薛国列鼎共8件成套，时代为春秋，1978年12月出土于薛国故城（今滕州市南30公里张汪镇）2号墓，属薛侯生前使用的青铜礼器。其中七件式样一致，大小有别，称为列鼎，另一件为陪鼎，式样与列鼎不同。列鼎铭文模糊难识，待释。《公羊传·桓公二年》何休注云："天子九鼎，诸侯七，大夫五，元士三也"。薛侯使用七件列鼎，一件陪鼎，是与其身份相符的。列鼎均饰有蟠螭纹，属于春秋青铜器的常用纹饰，为文物断代的重要依据之一。现藏济宁市博物馆。

薛国列鼎 Cooking vessel set of Xue State

列鼎之一：春秋青铜附耳蹄足蟠（pán）螭纹（铭文）鼎

One of the cooking vessel set: bronze cooking vessel (Ding) with rigs and Panchi patterns, Spring and Autumn Period

口径40cm 高31.9cm

附耳直立，马蹄形足，有盖，平顶，盖顶四周有三个长方形钮，中间一半环形钮。子母口，微敛，唇厚，腹微鼓，圜底地平。

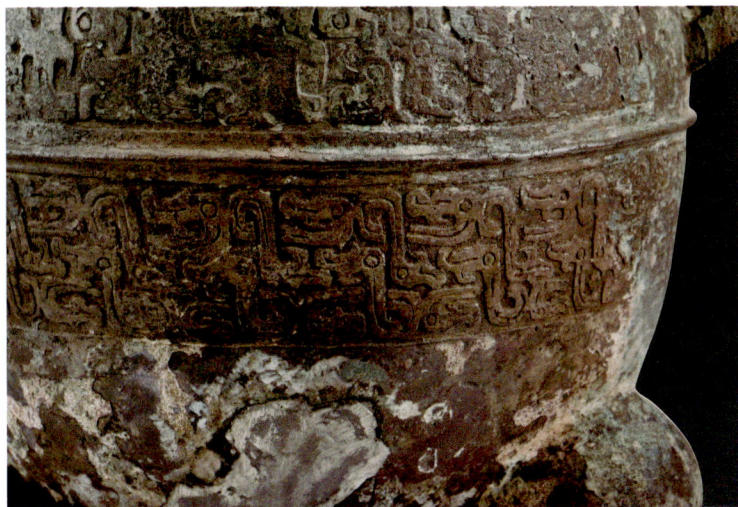

薛国列鼎之陪鼎：春秋青铜附耳蹄足蟠螭纹（铭文）鼎
Accompanying Ding to the cooking vessel (Ding) set:
bronze cooking vessel (Ding) with rigs and Panchi patterns,
Spring and Autumn Period

口径 25.4cm　高 37cm

　　附耳直立，马蹄形足，有盖，平顶，盖顶四周有
三个长方形钮，中间一半环形钮。子母口，微敛，唇
厚，腹微鼓，圈底地平。

陪鼎纹饰
Pattern of the accompanying Ding

1

2

1. 春秋弗敏父饕餮纹双立耳蹄形足青铜鼎

Bronze cooking vessel (Ding) with Taotie Patterns, vertical rigs and hoof-shaped feet made by Fei Min Fu, Spring and Autumn Period

通高 26cm　口径 26cm　腹深 12.5cm

　　口微敛，鼓腹，圜底，兽蹄形足粗大，腹中部有一道突出的箍形圈饰，鼎身饰有变形龙纹。该鼎为春秋铜器，内壁铭文17字，文曰："弗敏父作孟姒□縢鼎，其眉寿万年永宝用"，"弗"即"费"。这件鼎应是春秋时期的费国贵族弗敏父给他女儿的嫁妆。鼎于20世纪70年代峄山之阴出土，废品收购站拣选，现藏邹城市博物馆。

2. 弗敏父鼎纹饰　Pattern of Fei Min Fu cooking vessel (Ding)

3. 弗敏父鼎铭文　Inscription of Fei Min Fu cooking vessel (Ding)

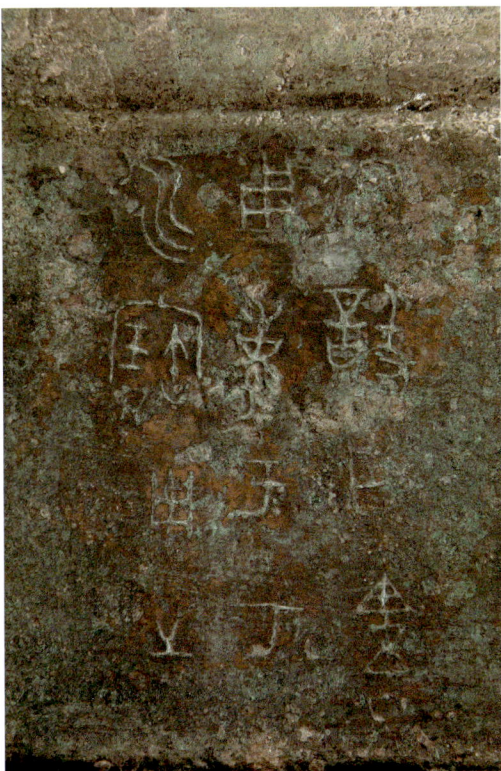

春秋兽首耳夔龙纹伊受青铜簠

Bronze grain receptacle (Fu) with animal head shaped rigs and Kuilong patterns made by Yi Shou, Spring and Autumn Period

通高 9.4cm　口横 28.7cm　纵 23.5cm

　　方唇敞口，自口沿以下收敛，使器体成斜壁形，双兽首耳，浅腹，足呈长方形，器身上部饰窃曲纹，下部饰夔龙纹，足饰窃曲纹，底部饰云纹。簠为邹城市大束镇灰城子遗址出土。其腹内铭文12字，文曰："伊受作簠，用事于考，永宝用之。"伊受为作器主人，铜簠现藏邹城市博物馆。

伊受青铜簠铭文

Inscription of the bronze grain receptacle (Fu) made by Yi Shou

战国错金银双兽吞鸟铜杖首

Bronze crutch head embedded with gold and sliver in the shape of
double animals swallowing birds, Warring States Period

长 20.7cm   高 12.7cm

　　一龙形兽昂首曲腹修尾卧于銎上，兽睁目长颚，口吞含一
蛇身鸟形兽，鸟形兽回首作挣扎状；另有一蛇身龙首兽，张口
吞食一鸟，鸟尖喙回首长尾，鸟身近尾处巧雕成龙首，龙首兽蛇
身蜷曲，盘绕堆附于龙形兽上。器下部为圆形銎，通体错金银。
器两面纹饰相同。曲阜鲁国故城遗址 3 号墓出土，现藏曲阜市
文物局孔府文物档案馆。

战国鎏金镶玉铜带钩
Gold-plating bronze belt hook embedded with jade, Warring States Period
长 11cm　宽 3.8cm

　　器扁宽，作兽形，铜质，通体鎏金。钩为兽首形，器身中部镶嵌鸟形玉片和圆形绿松石片。器身上侧刻鸟翅，下侧刻鸟爪，尾部刻鹰头。钩背有一钉状钮。带钩出土于曲阜鲁国故城遗址58号墓，其采用鎏金工艺，镶嵌有玉片及绿松石片，形成华贵的器物外表。带钩为纽扣产生之前古人束腰用的挂钩，相当于今人使用的皮带扣，现藏曲阜市文物局孔府文物档案馆。

带钩侧视　Side view of the belt hook

东汉狮形钮范式印信子母青铜印

Fan Shi's twin bronze signets with a lion-shaped button, Eastern Han

长 1.2cm　宽 1.2cm　高 2.8cm

　　青铜质，狮形钮，一侧嵌有子印，现已与母印锈为一体。表面生绿色锈蚀。铜印1962年于纸坊公社范山范式墓发掘出土，铜印为阴文四字"范式印信"，其一侧嵌有子印，现已与母印锈为一体。范式（? -235），为东汉时期的名士，官至庐江太守，《后汉书》列有他的传记。铜印现藏嘉祥县文物局。

范式铜印印文

Impression of Fan Shi's bronze signet

东汉永平南武阳大司农平干单耳青铜量

Single-rig bronze measure of Nanwuyang Minister of Agriculture Ping Gan, Yongping period, Eastern Han

高 8.81cm　口径 19.51cm　底径 17.1cm

　　青铜质，平口，腹部逐渐下收，直沿平底，半圆形单耳，表面生绿色锈蚀。铜量为早年征集，器身有篆书15字，文曰："南武阳大司农平干，永平五年闰月造"。永平五年即东汉明帝的年号，为公元62年。铜量现藏嘉祥县文物局。

铜量铭文　Inscription of the bronze measure

唐菱花形宝相团花兽钮铜镜

Water chestnut shaped bronze mirror with flower patterns and animal shaped buttons, Tang Dynasty

直径19.3cm　厚0.95cm

　　八出菱花形，两相交错兽形圆钮，八花瓣形钮座。座外均匀分布着八朵宝相花，环绕成圈，宽缘，缘上一周饰如意云头纹。济宁市任城区长沟出土，现藏济宁市博物馆。

明洪武七年八月双凤莲花钮铜镜

Bronze mirror with double phoenixes and lotus-shaped buttons
made in the eighth month, seventh year of Hongwu period, Ming
Dynasty

直径 27.7cm　厚 0.8cm

　　该镜为莲花纹座，钮座上下为竖刻铭文带，铭文两侧
为双凤追逐图案。该镜为邹城市明鲁王朱檀戈妃墓出土，上
为篆书"洪武七年八月日造"，下为楷书"美字贰拾陆号"，
是铜镜作坊的顺序号，洪武七年为公元1374年。现藏邹城
市博物馆。

铜镜拓本
Rubbing of the bronze mirror

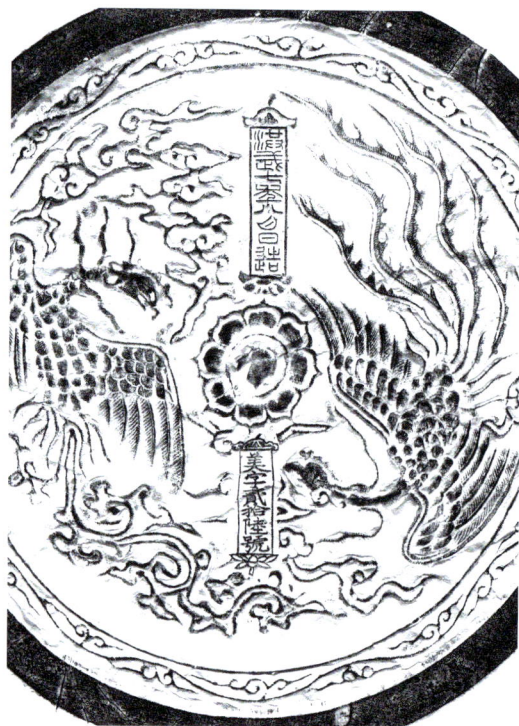

织绣服饰

BROIDERY & COSTUME

元棉菱形花纹织锦 Cotton brocade with ridge-shaped patterns, Yuan Dynasty

织锦长 177cm 宽 67cm

棉织锦出土于嘉祥县曹元用墓中，曹元用（1268—1330），官至礼部尚书兼经筵官，是蒙元王朝典章制度的策划制定者之一。元代之时，草棉种植刚刚传入长江、黄河中下游地区，故织锦当是国内遗留至今最早、最华贵的棉织品之一，弥足珍贵，现藏济宁市博物馆。

棉织锦局部 Part of the cotton brocade

元墓服饰 Costume in Yuan tomb, Yuan Dynasty

  元墓服饰即李俨墓中出土的服饰。现藏邹城市博物馆。李俨（？—1350），字裕庵，元代中期人，官至盐山县儒学教谕。1975年春天，当地文管所对邹县（今邹城市）火车站东北300米处李俨墓进行发掘。因墓葬石椁外由糯米沙浆包裹成蒙古包式样，封闭严密，故尸体及随葬物品保存如初。棺盖丝帛条幅楷书大字"有元裕庵李先生府君之墓"，小字楷书落款："至正十年二月五日葬"，至正十年即公元1350年。该墓一穴两棺，为夫妻墓，男尸保存尚好，女棺为迁葬骨胳。墓内有棉、麻、丝织衣物50余件，其中四件定为一级文物，简报发表于1978年第四期《文物》杂志上。

1. 元鲁绣深棕色菱纹暗花绸地山水人物女裙带
   Dark brown silk skirt belt with water chestnut patterns, veiled design and landscape and figures of Lu (Shandong) style embroidery, Yuan Dynasty
   长155cm　宽5cm
   　裙带用绫和罗两种料子缝制，绣工精细，是鲁绣中的丝织上品。

2. 裙带局部
   Part of the skirt girdle

3. 裙带花纹摹本
   A copy of patterns on the skirt girdle

1. 元鲁绣深棕色罗绸地梅花女裙带
   Dark brown silk skirt girdle with plum blossom patterns and of Lu
   (Shandong) embroidery style, Yuan Dynasty
   长 155cm   宽 5cm

2. 裙带局部
   Part of the skirt girdle

3. 裙带花纹摹本
   A copy of patterns on the skirt girdle

3

元鲁绣土黄色绫地绣花女鞋

Khaki thin-satin lady's shoes with Lu (Shandong) embroidery, Yuan Dynasty

底长 20cm 帮高 5cm

女鞋花纹摹本

A copy of patterns on the lady's shoes

1. 元鲁绣棕色杂宝云纹绫交领女夹袍
Brown moire thin-satin lady's lined
robe with over lapping collar and aus-
picious symbols patterns and of Lu
(Shandong) embroidery style, Yuan Dy-
nasty
身长115cm　袖展180cm　腰宽52cm

2. 女夹袍袖口花纹摹本
A copy of the patterns on the cuff of the
lady's lined robe

3. 女夹袍局部
Part of the lady's lined robe

4. 明纳纱绣云纹护膝
Moire pattern kneepad of petit-point
embroidery style, Ming Dynasty
通长34cm　上宽21cm　下宽29cm
片金宽1cm
　　孔府传世，现藏曲阜市文物局
孔府文物档案馆。

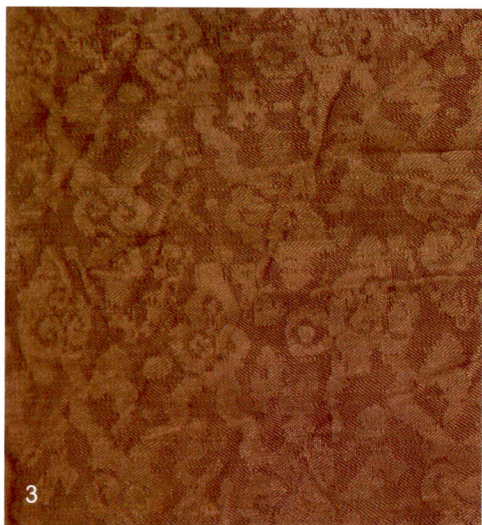

明万历葱绿地妆花纱蟒裙
Verdant embroidered brocade
skirt, Wanli period of Ming Dy-
nasty

通长 85cm 腰围 105cm
下摆宽 191cm 镶腰高 11.5cm
　孔府传世，现藏曲阜市文
物局孔府文物档案馆。

裙摆
The hem of skirt

明万历蓝地妆花纱蟒衣
Blue brocade skirt with embroidered
boa patterns, Wanli period of Ming
Dynasty
身长 135cm 通袖长 234cm
　　孔府传世，现藏曲阜市文物
局孔府文物档案馆。

蟒衣暗花 Latescent patterns on
robe with embroidered boa patterns

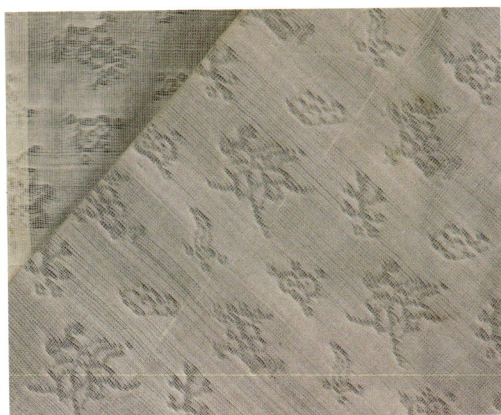

明万历蓝色暗花纱袍
Blue gauze robe with latescent patterns, Wanli period of
Ming Dynasty
身长143cm 通袖长252.5cm
　　孔府传世,现藏曲阜市文物局孔府文物档案馆。

纱袍领口　Collar band of the gauze robe

明七梁冠

Hat with seven gold threads, Ming Dynasty

通高 20cm

　　孔府传世，现藏曲阜市文物局孔府文物档案馆。

明白素绢镶青缘褡子
White thin-silk cloak with cyan hemlines, Ming Dynasty
身长 106.5cm　通袖长 251cm
　孔府传世，现藏曲阜市文物局孔府文物档案馆。

TREASURES OF CULTURAL RELICS IN JINING

明白夏布袍
White grass-cloth robe, Ming Dynasty
身长 129cm　通袖长 237cm
　　孔府传世，现藏曲阜市文物局孔府文物档案馆。

明青地织金妆花纱孔雀纹短衫
Cyan brocade short gown with patterns of peacocks embroidered by
using gold-weaving techniques, Ming Dynasty
身长 78cm　通袖长 242cm
　　孔府传世，现藏曲阜市文物局孔府文物档案馆。

明蓝色暗花纱单袍
Blue unlined gauze robe with latescent patterns,
Ming Dynasty
身长 142cm 通袖长 253cm
　　孔府传世，现藏曲阜市文物局孔府文
物档案馆。

明白色暗花纱单袍
White unlined gauze robe with latescent
patterns, Ming Dynasty
身长 123cm 通袖长 239cm 腰宽 60cm
　　孔府传世，现藏曲阜市文物局孔府文
物档案馆。

明本色葛纱袍
Natural color silk robe, Ming Dynasty
身长 121cm　通袖长 261cm
　　孔府传世，现藏曲阜市文物局孔府文物档案馆。

明湖色云纹暗花纱单袍
Light-green unlined gauze robe with
latescent moire patterns, Ming Dynasty
身长129cm　通袖长250cm
　　孔府传世，现藏曲阜市文物局孔府
文物档案馆。

纱袍暗纹
Latescent patterns on the gauze robe

明湖色云纹暗花纱袍　Light-green gauze robe with latescent moire patterns, Ming Dynasty
身长130cm　通袖长246cm
　孔府传世，现藏曲阜市文物局孔府文物档案馆。

纱袍暗纹　Latescent patterns on the gauze robe

明蓝色云纹暗花纱盘领袍
Blue gauze robe with round collar and latescent moire patterns,
Ming Dynasty
身长 138cm　通袖长 248cm
　　孔府传世，现藏曲阜市文物局孔府文物档案馆。

盘领袍暗纹
Latescent patterns on the round-collared robe

明绿地缠枝莲织金缎衫

Green satin robe with twined lotus branch patterns embroidered
by using gold-waving techniques, Ming Dynasty

身长 94cm　通袖长 208cm

　孔府传世，现藏曲阜市文物局孔府文物档案馆。

明墨绿色暗花纱单裙
Unlined dark-green gauze skirt with latescent
patterns, Ming Dynasty
通长95cm　腰围106cm　下摆宽204cm
　　孔府传世，现藏曲阜市文物局孔府文物档
案馆。

单裙暗花
Latescent patterns on the unlined skirt

明深蓝色缠枝牡丹暗花纱袍

Dark-blue gauze robe with twined peony branch patterns
and latescent patterns, Ming Dynasty

身长 139cm 通袖长 244cm

孔府传世，现藏曲阜市文物局孔府文物档案馆。

明乌纱帽
Black gauze cap, Ming Dynasty
高 20cm   帽径 17cm
　　孔府传世,现藏曲阜市文物局孔府文物档案馆。

明月白素罗单袍
Unlined white silk robe, Ming Dynasty
身长130cm　通袖长250cm
　孔府传世，现藏曲阜市文物局孔府文物档案馆。

明暗绿地织金纱云肩翔凤短衫
Short deep-green gauze gown with amice and phoenix patterns
embroidered by using gold-weaving techniques, Ming Dynasty
身长 67.5cm　通袖长 182.5cm
　孔府传世，现藏曲阜市文物局孔府文物档案馆。

明白色素纱袍

White gauze robe, Ming Dynasty

身长 130.5cm 通袖长 256cm

　孔府传世，现藏曲阜市文物局孔府文物档案馆。

明茶色妆花纱方倭角双凤纹补短褂

Short tawny brocade gauze gown with square concave angles
and patterns of a pair of phoenixes, Ming Dynasty

身长 72cm 通袖长 220.5cm

孔府传世，现藏曲阜市文物局孔府文物档案馆。

短褂补子 Square cloth badge showing the ranking of offi-
cials on the short gown

明湖色暗花纱袍

Light-green gauze robe with latescent patterns,
Ming Dynasty

身长145cm　通袖长243cm　腰宽52cm

下摆宽96cm　袖宽38.5cm　领高12.5cm

　　孔府传世,现藏曲阜市文物局孔府文
物档案馆。

纱袍暗花

Latescent patterns on the gauze robe

明蓝暗花纱缀绣仙鹤补服
Blue gauze robe with latescent patterns of cranes, Ming Dynasty
身长 143cm 通袖长 254cm
孔府传世，现藏曲阜市文物局孔府文物档案馆。

明蓝色暗花纱夹衫

Lined blue gauze coat with latescent patterns, Ming Dynasty

身长 127cm　通袖长 221cm

　　孔府传世，现藏曲阜市文物局孔府文物档案馆。

明蓝色暗花纱袍
Blue gauze robe with latescent
patterns, Ming Dynasty
身长 135.5cm　通袖长 242cm
　　孔府传世，暗纹中有桃
子、石榴、蝙蝠，喻意长寿、
多子、幸福。现藏曲阜市文物
局孔府文物档案馆。

纱袍图案
Patterns on the gauze robe

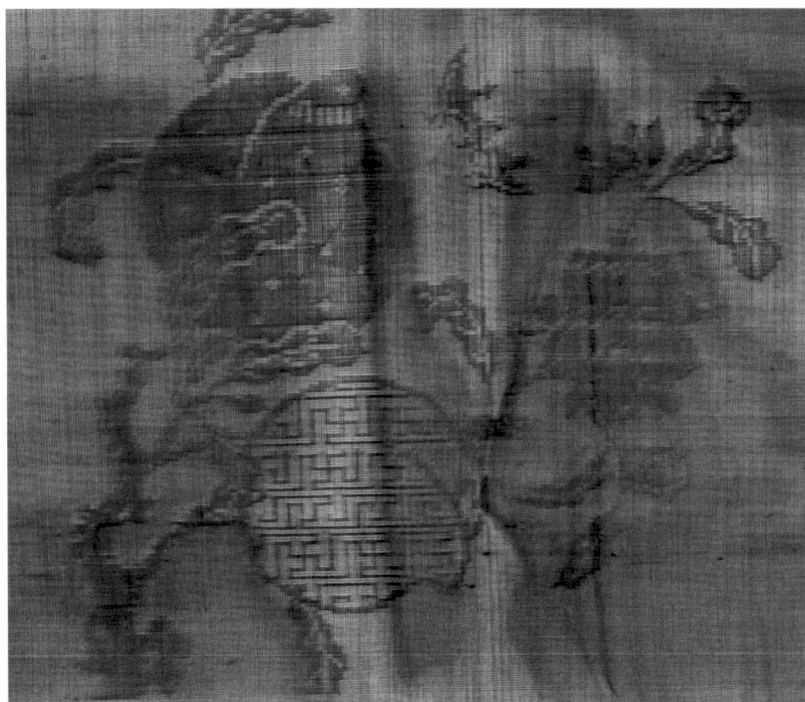

明绿色暗花纱单袍

Unlined green gauze robe with latescent patterns, Ming Dynasty

身长 127cm　通袖长 243.5cm

　　孔府传世，现藏曲阜市文物局孔府文物档案馆。

明墨绿地妆花纱蟒衣

Dark-green brocade gauze robe with embroidered boa pattern, Ming Dynasty

身长 142cm　通袖长 243cm

孔府传世，现藏曲阜市文物局孔府文物档案馆。

明青色地妆花纱彩云白鹇（xián）补圆领衫

Cyan round-collared brocade gauze robe with patterns of
Lophura nycthemera and clouds, Ming Dynasty

身长 72.5cm　通袖长 204cm

　　孔府传世，现藏曲阜市文物局孔府文物档案馆。

明桃红纱地彩绣云蟒裙

Pink gauze skirt with colored embroidery composing of patterns of clouds and boas, Ming Dynasty

长 87cm　腰围 124cm　下摆宽 165cm　镶腰高 11.5cm

　　蟒裙为孔府传世品，明代末期的服装。裙上的绣花采用了戗金绣、缠针绣、钉金线、齐针、戗针、套针等针法，为鲁绣代表作。现藏曲阜市文物局孔府文物档案馆。

明月白暗花纱比甲

Long moon-white gauze vest with latescent patterns, Ming Dynasty

身长 74cm 肩宽 27.5cm 下摆宽 79cm 袖口宽 32.5cm 领高 2.5cm

孔府传世，现藏曲阜市文物局孔府文物档案馆。

明本色葛袍
Natural color silk robe, Ming Dynasty
身长 138.5cm　通袖长 237cm
　　孔府传世，现藏曲阜市文物局孔府文物档案馆。

明湖色暗花纱袢（pàn）臂
Light-green gauze belt carrier with
latescent patterns, Ming Dynasty
身长 142cm　肩宽 67.3cm
　　孔府传世，现藏曲阜市文物
局孔府文物档案馆。

袢臂暗花
Latescent patterns on the belt carrier

明蓝色暗花纱单袍

Unlined blue gauze robe with latescent patterns, Ming Dynasty

身长143cm　通袖长236cm

　孔府传世，现藏曲阜市文物局孔府文物档案馆。

明蓝色素罗单袍

Unlined blue silk robe, Ming Dynasty

身长 137.5cm　通袖长 253cm

　孔府传世，现藏曲阜市文物局孔府文物档案馆。

清雍、乾红地彩织云龙双狮锦椅披

Red brocade chair cover with patterns of clouds, dragons and a pair of
lions, Yongzheng and Qianlong periods of Qing Dynasty

长164cm　宽51cm

孔府传世，现藏曲阜市文物局孔府文物档案馆。

清雍、乾红地彩织云龙双狮锦桌帷

Red brocade table cover with patterns of clouds, dragons and
a pair of lions, Yongzheng and Qianlong periods of Qing
Dynasty

通长100cm　通高85cm　腰高6.3cm　桌沿高21cm

孔府传世，现藏曲阜市文物局孔府文物档案馆。

清乾隆缂金地"玉堂富贵"椅披
Golden silk chair cover with patterns of flowers symbolizing riches, honor and lucky, Qianlong period of Qing Dynasty
长 158cm　宽 49cm
　　孔府传世,椅披为桃红色缎作底衬,采用缂丝工艺织成。现藏曲阜市文物局孔府文物档案馆。

清乾隆缂金地"玉堂富贵"桌帷
Golden silk table cover with patterns of flowers symbolizing riches, honor and lucky, Qianlong period of Qing Dynasty
长 99cm　宽 97cm　腰高 18cm　沿高 20.7cm
　　孔府传世,桌帷采用缂丝工艺织成,主要技法为缂丝、缂金地。现藏曲阜市文物局孔府文物档案馆。

清乾隆红缎绣云蝠花卉镶边褂

Embroidered red satin gown with patterns of bats and flowers, Qianlong period of Qing Dynasty

身长107cm　通袖长142cm

　孔府传世，褂为红缎，织绣采用了套针、斜针等针织法。现藏曲阜市文物局孔府文物档案馆。

清乾、嘉红暗花纱百褶（zhě）裙

Red gauze pleated skirt with latescent
patterns, Qianlong and Jiaqing periods
of Qing Dynasty

通长 96cm　腰宽 109cm

下摆长 154cm　腰缘 9cm

　　孔府传世，局部为纳纱绣工艺，
图案为"西厢记"人物故事及楼阁山
石。现藏曲阜市文物局孔府文物档
案馆。

裙摆

The hem of skirt

1. **清道光红暗花绸缀绣狮子花卉凤尾裙**

   Red silk phoenix-tail skirt with latescent patterns of lions and flowers, Daoguang period of Qing Dynasty

   通长97cm 腰围114cm 下摆周长240cm
   腰缘高11cm 镶边宽5cm

   　　孔府传世，现藏曲阜市文物局孔府文物档案馆。

2. **凤尾裙图案之一**

   Patterns on the phoenix-tail skirt I

3. **凤尾裙图案之二**

   Patterns on the phoenix-tail skirt II

1

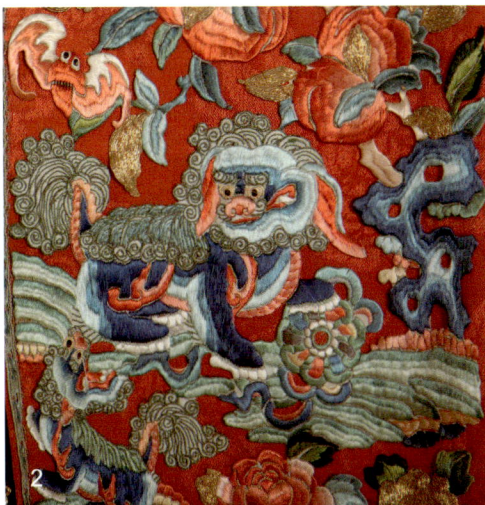

2

3

1. **清同治红地牡丹花闪缎镶边皮袄**
   Embroidered red changeable-satin and fur-lined coat with patterns of peonies, Tongzhi period of Qing Dynasty
   身长 100cm　通袖长 144cm
   孔府传世，现藏曲阜市文物局孔府文物档案馆。

2. 皮袄袖口刺绣　Embroidery on the cuff of the fur-lined coat

3. 镶边皮袄领口刺绣
   Embroidery on the collar band of the embroidered fur-lined coat

4. 皮袄局部图案　Part of the patterns on the fur-lined coat

玉 石 器

JADE WARE

大汶口文化青玉环

Sapphire ring, Dawenkou Culture period

外径11cm

    玉环扁平，呈黄色，有浸蚀，器体制作规整，通体琢磨光
滑。邹城市峄山镇野店遗址出土，现藏邹城市博物馆。

新石器时代长玉琮（cóng）
Jade ware (cong), the Neolithic Age
高 38.2cm　宽 7.0cm　射径 5.2cm

　　器呈长方柱形，深赭色，器外方内圆，圆孔对钻而成，外表分十三节，每节以四角为中轴，刻简化人面纹四组，共48组。琮为孔府旧藏，新石器时代遗物。玉琮是古代礼器，其形制为外方内圆，古人以为天圆地方，巫师用它则可通达天上人间，和天地交流，反映了古人天人合一的世界观。现藏曲阜市文物局孔府文物档案馆。

玉琮底部
Bottom of the Cong

新石器时代青玉铲
Sapphire spade (Chan), the Neolithic Age
长 19.8cm　宽 9.1cm　厚 0.8cm

　　器呈长方形，青玉质，玉质莹润，间有瑕斑。顶端平整，两侧斜直，刃部较宽，略呈弧形，四边较薄，中间较厚。通体磨光，靠近顶端有一圆穿，两面对钻。曲阜尼山水库遗址出土，现藏曲阜市文物局孔府文物档案馆。

商墨玉刀

Black jade knife, Shang Dynasty

长 27.5cm 宽 3.5cm

　　器呈扁平条状，墨玉质。一端微宽，并开双刃，稍斜，刀背有二蚕状系孔，窄端中有穿，宽端有火烧痕迹，素面磨光。孔府旧藏，现藏曲阜市文物局孔府文物档案馆。

商玉戚

Jade ware (Qi), Shang Dynasty

长 16.6cm　宽 9.2cm

　　器扁平，呈赭褐色，上部三面开刃，中有穿，下部与上部由三
凸弦纹分隔，下部纵向雕饰条带状纹，下底雕饰锯齿状纹。孔府旧
藏，现藏曲阜市文物局孔府文物档案馆。

西周扁平双刃管穿短援白玉戈
White jade weapon (Ge) with flat and short dual-edges, Western Zhou Dynasty
通长 32.4cm

　　玉戈扁平，通体呈白色，内援和外援结合处有一圆穿，为西周礼器。金屯镇土山桥出土，现藏嘉祥县文物局。

西周扁平双刃双穿四孔短援青玉戈

Sapphire dagger (Ge) with flat dual-edges, double hollow tubes for
installing handles and four holes, Western Zhou Dynasty

通长 32.4cm　内后部宽 7.7cm

　　玉戈扁平，通体呈青绿色，内后部有两圆穿，为西周祭祀礼
器。金屯镇土山桥出土，现藏嘉祥县文物局。

周龙首黄玉璜

Semi-annular topaz pendant (Huang) with dragon-shape head, Zhou Dynasty

长 16.6cm 宽 5.3cm 厚 0.35cm

　　器体扁薄，半圆形，黄玉质，有褐色沁斑。两端镂雕龙首，阴线刻饰细线纹。器身刻饰勾连云纹，中间有一圆形穿。1959年曲阜市八宝山前出土，现藏曲阜市文物局孔府文物档案馆。

周兽面纹黄玉铲

Topaz spade with patterns of animal faces, Zhou Dynasty

长 10.2cm　宽 5.6cm

器扁平长方形，黄玉质，玉质莹润，两面开弧形刃，刃角微翘。上端雕变形鸟纹，器身浅浮雕兽面纹，与刃部以弦纹分隔，刃部线刻卷云纹。端部有褐色沁斑。曲阜孔林出土，现藏曲阜市文物局孔府文物档案馆。

玉 石 器

JADE WARE

薛国玉饰　Jade decorations of Xue State

　　1978 年 12 月薛国故城出土了一批玉石饰品，其中 13 件确定为一级文物，除双鸟青玉佩、凤鸟玉佩分别是 1 号墓、8 号墓外，其余均为 2 号墓出土。玉饰具有鲜明的时代特征，也是玉石饰品断代的标准器物，弥足珍贵。同地出土的尚有薛国列鼎、书刻工具（见本书）等，现藏济宁市博物馆。

1. **春秋双面蟠螭龙形青玉璜**
   Semi-annular sapphire pendant with patterns of Hummel dragons (Panchi) on both sides, Spring and Autumn Period
   　长 11.7cm　宽 10.5cm　厚 0.21cm
   　　近白色，一面饰蟠虺纹，一面饰兽面纹，有双孔。

2. **春秋蟠虺 (huǐ) 纹双鸟圆形青玉佩**
   Circular sapphire pendant with patterns of a pair of birds and

interlocking dragons (Panhui), Spring and Autumn Period
　长 4.5cm　宽 4.3cm　厚 0.3cm
　　环状，两鸟首相背，鸟尾相连，鸟身刻蟠虺纹。

3. **春秋蟠虺纹双鸟圆形青玉佩背面**
   Back of Circular sapphire pendant with patterns of a pair of birds and interlocking dragons (Panhui), Spring and Autumn Period

1

2

3

149

春秋凤鸟形蟠虺纹青玉佩　Phoenix-shape sapphire
pen-dant with patterns of Panhui, Spring and Autumn Period
长 6.6cm　宽 3.6cm
　　深绿色，呈变体鸟形，两面均饰蟠虺纹。
春秋长方形蟠虺纹青玉佩　Rectangle sapphire pendant
with patterns of Panhui, Spring and Autumn Period
长 5cm　宽 4.2cm　厚 0.2cm
　　浅绿色，方形，四周呈锯齿状，正面刻蟠虺纹。

1

2

3

4

1.春秋方形饕餮纹青玉佩

Square sapphire pendant with patterns of a mythical　ferocious animal (Taotie), Spring and Autumn Period

长4.5cm　宽4.1cm　厚0.5cm

上圆下方，正面刻兽面纹，上端和中间有透孔三个，出土时背面有铜锈。

2.春秋方形兽面纹玉佩饰　Square jade decoration with patterns　of animal faces, Spring and Autumn Period

长4.53cm　宽3.67cm　厚0.12cm

青绿色，方形，四周呈锯齿状，中间一孔，一面饰饕餮纹。

3.春秋方形饕餮纹玉佩　Square jade pendant with patterns of Taotie, Spring and Autumn Period

长5.4cm　宽5.6cm　厚0.5cm

春秋方形饕餮纹玉佩；上圆下方，正面刻蟠虺纹，上端和中间有透孔三个，出土时背面有铜锈。

4.春秋饕餮纹梯形玉佩饰　Trapezoid jade pendant with patterns of Taotie, Spring and Autumn Period

长2.05cm　宽2.3cm　厚0.4cm

墨色，成倒梯形，四周有齿孔，一面刻兽面纹。

春秋蟠螭纹青白玉玦　White jade earrings with patterns of
Panchi, Spring and Autumn Period

　　直径3.1cm　厚0.2cm

白色，一面饰蟠螭纹。

春秋素面有领黄玉环　Topaz ring with collar, Spring and
Autumn Period

　　直径12.6cm

体薄，孔沿两侧外凸，黄白色，素面。

1. 春秋筒状瓦弦纹玉管　Cannular jade tube with string patterns, Spring and Autumn Period

通高 4.7cm　内径 5.6cm　外径 6.9cm

墨色，圆筒状，外饰瓦纹。

2. 春秋长方形蟠虺纹石佩饰　Rectangle stone decoration with patterns of Panhui, Spring and Autumn Period

长 4.6cm　宽 3.1cm　厚 0.3cm

浅黄色，长方形，四边呈锯齿状，正面饰蟠虺纹，上下两端共有四圆孔。

3. 春秋蟠螭纹筒状石玦　Cannular stone earrings (Jue) with patterns of Panchi, Spring and Autumn Period

高 3.4cm　直径 3.3cm

大小形制相同，筒状，通体饰蟠螭纹。

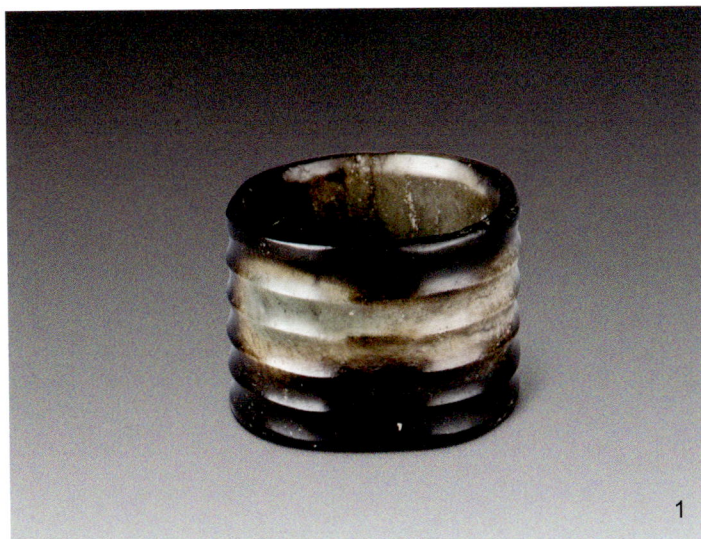

1

2

3

战国出廓双龙勾云纹玉璜

Semi-annular jade pendant surrounded by twin-dragon shapes and with cloud
patterns, the Period of Warring States

通长 8.7cm   半径 4.5cm   厚 0.3cm

　　器扁平，扇形，黄玉质，晶莹温润，璜边缘有一处沁斑。璜身满刻勾云
纹，中有一穿，璜下透雕双龙，器两面饰纹相同。曲阜鲁国故城遗址52号墓
出土，现藏曲阜市文物局孔府文物档案馆。

战国夔龙玉饰

Jade decoration with S-shape patterns of a mythical animal (Kuilong), the
Period of Warring States

长 7.9cm 高 4.7cm 厚 0.4cm

　　器扁平，半圆形，青玉质，褐色瑕斑较重。器透雕相背双龙，独角，
瞪目张口，体如"S"形弯曲，两龙背上翅翼呈"几"字形相连，器两面
纹饰相同。曲阜鲁国故城遗址52号墓出土，现藏曲阜市文物局孔府文物
档案馆。

战国红玛瑙环

Red agate ring, the Period of Warring States

肉径 6.6cm　好径 3cm

　　器环形,玛瑙质,呈红色,有白色瑕斑,纹理如流云缭绕。环内厚外薄,内缘打磨呈四棱面,外缘磨边,琢磨光滑。曲阜鲁国故城遗址 52 号墓出土,现藏曲阜市文物局孔府文物档案馆。

战国黄玉马

Topaz horse, the Period of Warring States

长 5.8cm 宽 1.7cm 高 5.7cm

　　器圆雕立马，黄玉质，晶莹温润，有褐色沁斑。这件玉马为 1978 年曲阜鲁国故城遗址 3 号墓出土。其运用圆雕、"俏色"技法，工艺水平之高，令人赞叹，此为国内目前所知最早的玉器圆雕工艺品。现藏曲阜市文物局孔府文物档案馆。

战国兽面纹黄玉带钩

Topaz belt hook with patterns of animal faces, the Period of Warring States

长 8.3cm　宽 6.8cm　厚 0.9cm

　　器呈铲形，黄玉质，有褐色沁斑。钩为兽首形，刻饰卷云纹，器面刻饰兽面纹，镂雕勾卷兽角。器背刻饰带角勾云纹，雕一圆形钮，钮面饰卷云纹。曲阜鲁国故城遗址 58 号墓出土，现藏曲阜市文物局孔府文物档案馆。

战国水晶玛瑙串饰

Crystal and agate beads, the Period of Warring States

　　器由茶晶环一件，水晶环两件，长鼓形水晶珠四颗，十四面水晶珠六颗，大小不一，乳白色简易龙形玛瑙觿两件，及白色玛瑙璜两件组成，均素面。曲阜鲁国故城遗址4号墓出土，现藏曲阜市文物局孔府文物档案馆。

159

战国紫晶玛瑙串饰

Amethyst and agate beads, the Period of Warring States

　　器由紫晶环一件, 菱形紫晶珠一颗, 长鼓形紫晶管一件, 十四面紫晶珠六颗, 大小不一, 以及乳白色简易龙形玛瑙觿一件组成, 均素面。曲阜鲁国故城遗址4号墓出土, 现藏曲阜市文物局孔府文物档案馆。

→鲁国玉璧

Jade disc (Bi, jade with a hole in its centre), State of Lu

　　1978年, 鲁国故城战国墓中发掘出土部分玉璧, 其中52号墓最多, 共陪葬玉璧18个, 58号墓次之, 为16个。52号墓中的玉璧最小者直径13厘米, 最大者32.8厘米。这18个玉璧有一个置于椁室 (估计下葬时放在木棺之上); 8个垫在墓主人身下; 9个一线排开, 盖在墓主人身上, 周围并置众多随葬品, 其豪华气派可见一斑。这批玉璧有13件定为一级文物, 现藏曲阜孔府文物档案馆。

战国夔龙谷纹青玉璧

Sapphire pendant with grain patterns and of Kuilong shape, the Period of Warring States

肉径 30.9cm 好径 10.7cm 厚 0.7cm

器扁平，圆形，青玉质，晶莹温润。肉上由两道绚纹将纹饰分为三区，内区纹饰以绚纹相隔，分成三组，每组饰双尾龙纹，一首双身，两两相交；中区浅浮雕饰谷纹；外区饰五组双尾龙纹。鲁国故城52号墓出土。

玉璧局部纹饰

Part of the patterns of the jade disc

战国谷纹青玉璧

Sapphire pendant with grain patterns, the Period of Warring States

肉径 19.1cm　好径 8.9cm　厚 0.7cm

　　器扁平，圆形，青玉质，有褐色沁斑，晶莹温润。肉上浅
浮雕饰谷纹。鲁国故城 58 号墓出土。

战国夔龙谷纹青玉璧

Sapphire pendant with grain patterns and of Kuilong shape, the Period of Warring States

肉径19.8cm 好径6.5cm 厚0.5cm

　　器扁平，圆形，青玉质，玉质温润，边缘有褐色沁斑。肉上纹饰以绚纹分隔为内外两区，内区浅浮雕饰谷纹；外区以竹节纹相隔将纹饰分成四组，每组饰双尾龙纹，一首双身，两两相交。鲁国故城52号墓出土。

战国透雕出廓双凤谷纹小系璧

Jade surrounded by engraved twin-phoenix shapes and with grain patterns, the Period of Warring States

通长6.9cm 通高4.65cm 厚0.3cm

　　器扁平，黄玉质，有褐色沁斑。器中为玉璧，肉上浅浮雕刻谷纹，璧上方有一穿。璧两侧外
缘各饰透雕凤鸟，背向而立，体作S形蜷曲，鸟身线刻竹节纹。鲁国故城58号墓出土。

战国谷纹夔龙S形玉饰

Jade decoration with grain patterns and of Kuilong shape, the Period of Warring States

长16.9cm 宽6cm 厚0.4cm

　　器扁平，曲首龙形，青玉质，龙首独角，龙首、背、尾、爪部有穿。龙身浅浮雕饰谷纹，器两面纹饰相同。曲阜鲁国故城遗址58号墓出土，现藏曲阜市文物局孔府文物档案馆。

战国谷纹夔龙 S 形玉饰

Jade decoration with grain patterns and of Kuilong shape, the Period of Warring States

长 15.4cm　宽 5.8cm　厚 0.4cm

　　器扁平，回首曲身龙形，青玉质，玉质泛黑，有褐色沁斑。龙首独角，龙身浅浮雕饰谷纹。器两面纹饰相同。曲阜鲁国故城遗址 58 号墓出土，现藏曲阜市文物局孔府文物档案馆。

战国杂草蓝玛瑙环
Blue agate ring, the Period of Warring States
肉径10.8cm 好径7.3cm 厚0.65cm

　　器环形，玛瑙质，呈兰绿色，半透明，纹理如海草缠绕。环内厚外薄，内缘打磨呈六棱面，外缘磨边，琢磨光滑。曲阜鲁国故城遗址58号墓出土，现藏曲阜市文物局孔府文物档案馆。

汉白玉蝉

White marble cicada, Han Dynasty

大者长 6.2cm　小者长 5.8cm

　　器作扁平状，呈蝉形，羊脂白玉，蝉头部双目斜凸于两侧，尾作弧形渐收，用阴线勾勒出蝉的双翼及身躯。玉蝉两件，一件形体较大，另一件较小。曲阜书院办事处油坊村北汉墓出土，现藏曲阜市文物局孔府文物档案馆。

汉卷云鸟纹梯形白玉剑珌

Trapeziform white jade sword head with patterns of cirrus clouds and birds, Han Dynasty

上宽 4.59cm　下宽 4.05cm

　　白玉质，宽端呈褐色，光泽度强，两面均浅浮刻纹饰，窄端中间刻双鸟纹，鸟首相对，尾巴上卷，器身至宽端满刻卷云纹，边缘有两道凸弦纹，窄端顶中心有插孔，两侧各一小孔与插孔斜通，以供剑鞘末端插系榫之用，横断面为橄榄形，适应于手握之功能。1992 年萧王庄墓群一号墓出土，现藏济宁市任城王墓管理所。

汉卷云纹圆形白玉剑首

Circular white jade sword head with patterns of cirrus clouds, Han Dynasty

直径 4.62cm　厚度 0.62cm

　　白玉质，局部边缘呈褐色，通体光滑，正面雕琢花纹，中间部分凸起，其上和外沿浅浮雕刻卷云纹，并点缀星状纹，边缘起凸弦纹，背面中间有凹槽一周，两侧各一小孔与凹槽斜通，以供插系剑柄首之用。1992年萧王庄墓群一号墓出土，现藏济宁市任城王墓管理所。

汉龙凤纹透雕角形白玉觿（xī）

Engraved coniform white jade (Xi) with patterns of dragons and phoenixes, Han Dynasty

长 9.7cm　最宽 2.6cm　厚度 0.32cm

　　形扁角状，白玉质，两端呈褐色，通体光滑，两面雕琢纹饰，较宽的一端正面饰一螭虎，背面饰一凤鸟，螭尾回首，凤鸟张口，二者首、颈部透雕可供穿系，身、尾部浅浮雕成卷曲状，其上再饰以阴线纹。器身中部镂孔，正面边缘阴刻竹节状纹，尾部尖锐。玉觿1992年在济宁城北萧王庄墓群一号墓出土，为东汉艺术品。觿为古人破解衣带时使用的工具，用于挑开接头，十分方便，常用于贵族官宦之家。使用者挂在身上，随时启用，也是古人显示身份的使用器，罕见于传世。萧王庄一号墓据考证为东汉任城国王刘尚墓，同时出土的重要玉器还有剑饰2件。现藏济宁市任城王墓管理所。

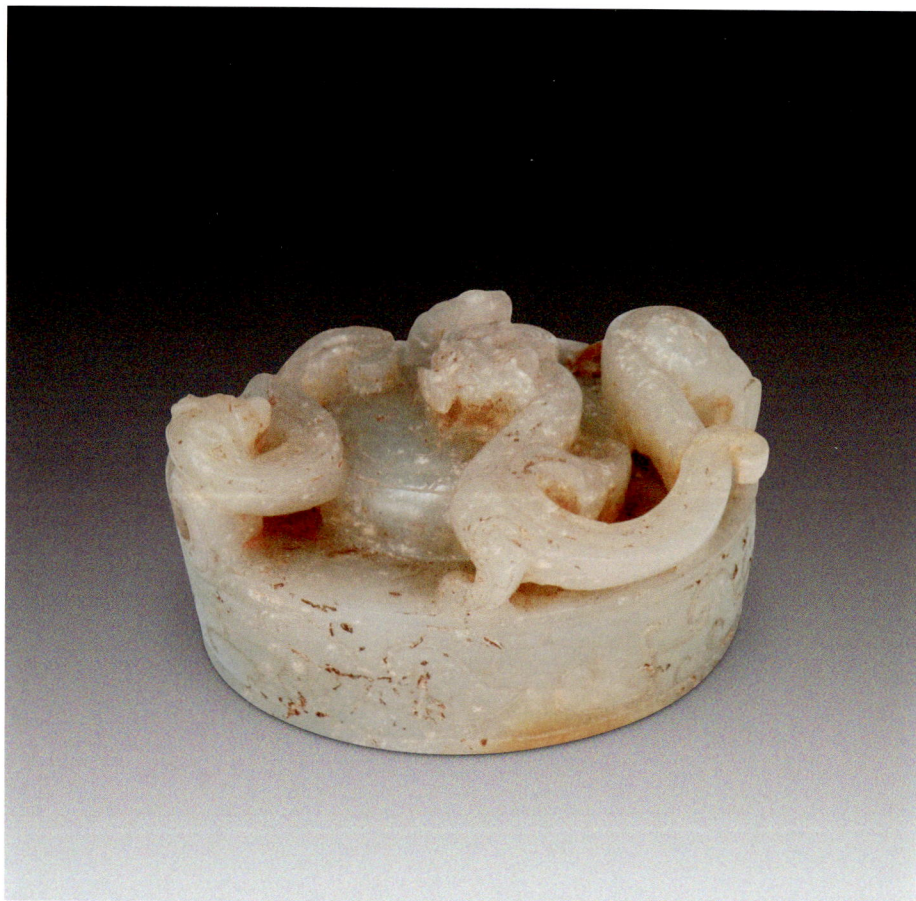

东汉白玉双螭玉剑首
White jade sword head with engraved twin dragons (Chi), Eastern Han Dynasty

通高5cm 直径6cm

　　青白玉质，正中部呈圆形突起，上饰水涡纹，外圈高浮雕双螭纹，其中一螭形体微残。邹城市千泉街道十里铺村出土，现藏邹城市博物馆。

玉剑首俯视
Overhead view of the jade sword head

邹城玉璧 Jade disc of Zoucheng

邹城市铁山前出土，共2件，现藏邹城市博物馆。

邹城玉璧之一

Sapphire disc (Bi) with dragon patterns, Eastern Han Dynasty

肉径28cm　好径7cm　厚1.2cm

　　器形较大，肉上纹饰分为两层，以细刻绳索纹相隔，内层
饰排列有序的谷粒纹，外层饰两组变形龙纹。

邹城玉璧之二

Jade disc with dragon patterns, Eastern Han Dynasty

肉径24cm　好径5cm　厚0.5cm

　　肉上纹饰内层为谷粒纹，外层为五组变形龙纹，每组
龙纹由一首二身蟠绕而成。

汉白玉猪

White jade pig statue, Han Dynasty

长 11.5cm　宽 2.9cm

　　卧伏状，呈猪形，白玉质，有几处褐色沁斑。鼻和尾部各有一穿。曲阜书院镇油坊村北后汉墓出土，现藏曲阜市文物局孔府文物档案馆。

宋雕龙头墨玉钺（yuè）

Black jade battle-axe (Yue) engraved with dragon head, Song Dynasty

长 14.5cm　宽 11.4cm　厚 4.1cm

　　器呈斧状，墨玉质，方形穿孔，两面立雕龙头，刃部素面磨光。
孔府旧藏，现藏曲阜市文物局孔府文物档案馆。

墨玉钺俯视　Overhead view of the black jade battle-axe

宋蕉叶纹白玉铎（duó）

Big white jade bell (Duo) with banana leaf patterns, Song Dynasty

通高 16.5cm 甬高 4cm

　　器作甬钟状，白玉质，长甬双环钮有圆箍，舞平，弧形口，双铣较尖。钲部饰蕉叶纹，鼓部浅浮雕饰云雷纹。孔府旧藏，现藏曲阜市文物局孔府文物档案馆。

宋锦纹"寿"字铭白玉斝（jiǎ）

Wine jade vessel (Jia) with brocade patterns and inscription of Chinese character "Shou", Song Dynasty

高 6.3cm　口沿长 5.7cm　腹径 5.8cm

　　器白玉质，圆腹平底，波状双流，两菌状柱，弧状三锥足，卷云状鋬。流下刻饰夔龙纹，腹饰锦纹，间刻四个"寿"字，足饰蕉叶纹。底部篆刻"永宝"二字铭文。斝是古代的酒具，为孔府旧藏。现藏曲阜市文物局孔府文物档案馆。

宋青玉甪 (lù) 端

Sapphire statue of a unicorn (Luduan), Song Dynasty

高 11.2cm

　　器呈兽形，蹲伏状，青玉质，有褐色沁斑。首似虎首，独角伏耳，前腿上部雕饰勾卷云带纹，类翅，长尾上卷，伏于背部。孔府旧藏。现藏曲阜市文物局孔府文物档案馆。

宋雕螭凤白玉觥（gōng）

White jade wine vessel (Gong) engraved with dragon and phoenix statues, Song Dynasty

高 14.7cm

　　器雕凤鸟状，白玉质，凤身作器身，凤首作回眸状，两只透雕螭虎相向伏于口沿，器身两侧凸雕凤翅，翅尖部分别雕饰两只小凤，器底雕饰凤爪。孔府旧藏。现藏曲阜市文物局孔府文物档案馆。

明雕楼阁人物碧玉山子
Jade craft (Shanzi) engraved with
statues of buildings and figures,
Ming Dynasty

长34.4cm　宽6.0cm　高31.3cm

　　器青玉质，以自然之形雕琢
山景、楼阁、人物等纹饰，器配
镂雕花卉、灵芝、山石等紫檀木
座。孔府传世，现藏曲阜市文物
局孔府文物档案馆。

碧玉山子人物图
Figures on the jade craft (Shanzi)

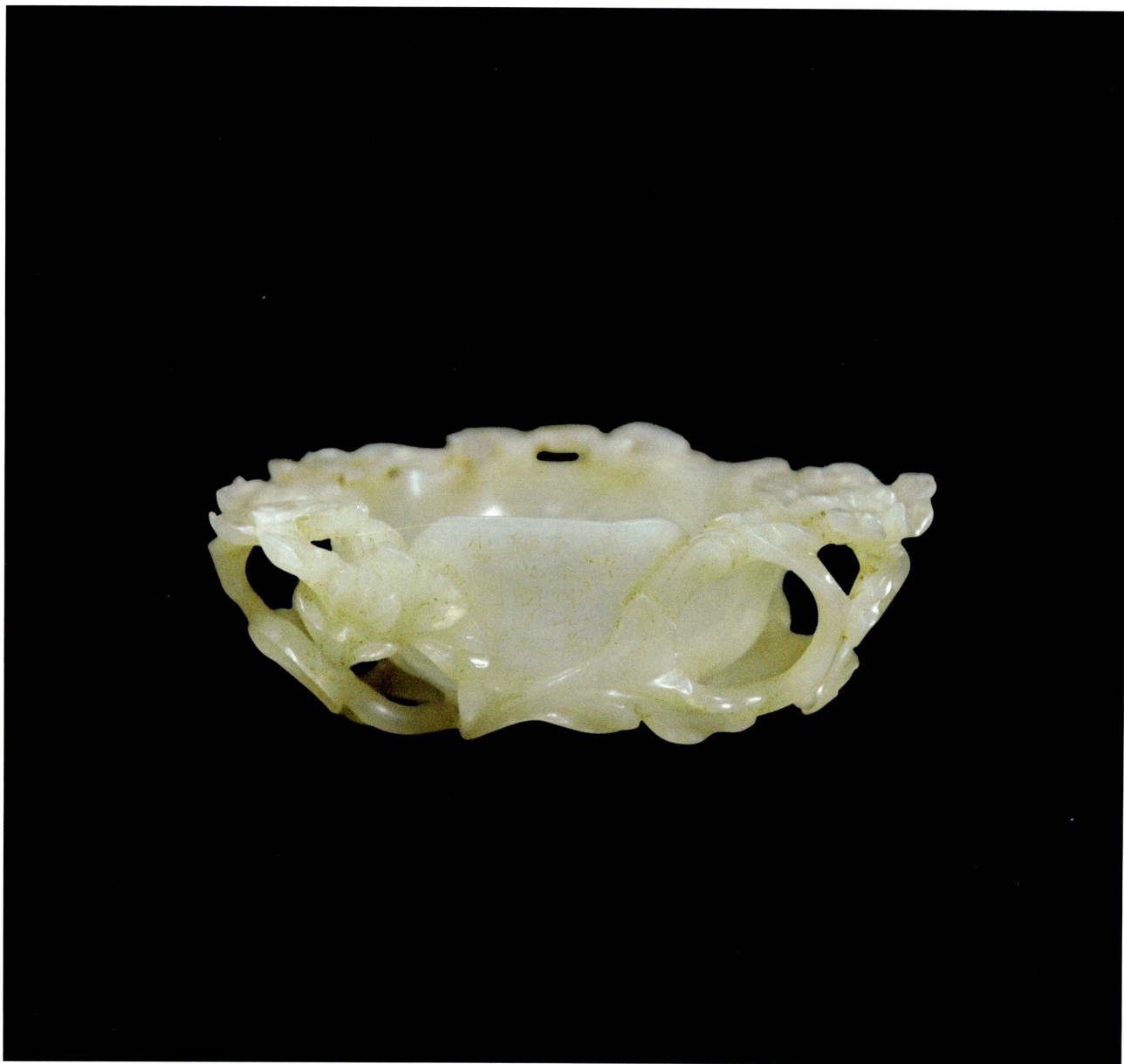

清道光透雕花卉白玉杯

White jade cup engraved with flowers, Daoguang period of Qing Dynasty

长 11.3cm　宽 8.4cm　高 3.6cm

　　器白玉质，白中泛青，间有白色瑕斑，六瓣花形口，圆形腹，杯沿、外壁镂雕缠枝花卉，杯内底凸雕花蕾。玉杯为曲阜孔林内出土。其外壁为隶书铭文，文曰："道光乙未仲冬，为铁山园主人寿"，即为孔府主人衍圣公孔庆镕祝寿时专门制作的礼品。上刻印一方,名为"兰生"，道光乙未即1835年。现藏曲阜市文物局孔府文物档案馆。

大汶口文化管穿孔黑石铲
Black stone spade, Dawenkou Culture period
长13.1cm 刃宽10cm 厚0.6cm
　　中性岩浆岩，通体磨光，双刃成弧形，对磨而成，顶部呈弧状，上部有一对磨圆形穿孔。邹城市峄山镇野店遗址出土，现藏邹城市博物馆。

大汶口文化管穿孔石铲
Stone spade, Dawenkou Culture period
长 20.7cm　厚 1.2cm　刃宽 12.6cm
　　通体磨光而成，整体扁长，两面磨刃，刃部呈弧形，对磨而成，上部有对磨圆形穿孔。邹城市峄山镇野店遗址出土，现藏邹城市博物馆。

大汶口文化青灰色花岗岩石锯
Cinerous granite saw (Ju), Dawenkou Culture period
长 26.5cm　中部宽 8cm　厚 1cm
　　背部略厚且较平直，刃部作弧形，较薄，刃面锋利有使用痕迹，齿较大，由两面对磨而成。双肩呈内三角状，两侧有圆形对磨穿孔，背部磨有插脊。邹城市城区大沙河南岸出土，现藏邹城市博物馆。

新莽大泉五十滑石钱合范
Steatite model for coins with inscription of Chinese characters "Da Quan Wu Shi", made during the reign of Wang Mang
长 29.1cm　宽 11.2cm

　　长方形，范面正中为自上而下的铜液主浇道，浇口呈漏斗状，背范的四角各有一个圆形的小榫孔，与面范上的榫头正好扣合。此为西汉(公元前206—公元8年)晚期王莽货币改制时铸造"大泉五十"钱币的模具，学名称钱范，滑石质地，为当地早年征集品，现藏兖州市博物馆。

西晋永康二年刘宝圆首石墓志

Round-head epigraph of Liu Bao of the Western Jin Dynasty, 301 AD

高 44cm　宽 21.5cm　厚 5cm

　　石碑形。下为长方形碑座，有卯榫，碑身直插座中。碑为圆首，石灰岩石质。刘宝墓志，1974年出土于邹城市郭里镇独山村北的西晋墓中，墓志为古代藏入墓内的墓碑。刘宝为魏晋时期的武官，官至安北大将军，碑文曰："侍中，使持节，安北大将军，领护乌丸校尉，都督幽并州诸军事，关内侯。高平刘公之铭表，公讳宝，字道真。永康二年正月……二十九日……"。西晋永康二年即公元301年，是刘宝卒葬之年，现藏邹城市博物馆。

刘宝墓志拓本

Rubbings from the epigraph of Liu Bao

青石门枕　Blue stone door bearing

　　两件门枕出土于嘉祥县满硐镇杨庄村英山徐敏行隋墓中，均为隋代。尺寸相同，通长69，宽28，通高44，底座高5cm。门枕一般为大门的垫门石，门框置于其上，较大的门户或牌坊还添加竖石，又称抱门石，刻成鼓面者还称抱鼓石。现藏嘉祥县文物局。

隋狮形蹲式青石墓门枕　Blue stone tomb door bearing of the shape of a squat lion, Sui Dynasty
隋狮形蹲式青石墓门枕　Blue stone tomb door bearing of the shape of a squat lion, Sui Dynasty

　　透雕。镇墓兽双耳直立，双耳前后雕刻乳丁纹，身后雕刻一条长尾。镇墓兽下有基座，后面为墓门枕石，为墓室门前石兽。

唐石雕牧童骑牛

Stone sculpture-the shepherd boy on the back of the cow, Tang Dynasty

共两件，其一长 6.2cm　宽 4.1cm　高 4.6cm；其二长 7.1cm　宽 3.4cm　高 4.4cm

　　一牛昂首，一牛平视，口微张，四肢坐卧身躯肥圆，作坐卧闲憩状。牧童前屈伏于牛背，一手持长鞭，一手按牛背。济宁市中区北门里染料厂出土，现藏济宁市博物馆。

元元统雪舟刻青田石章

Qingtian stone seal engraved by Xue Zhou in 1334, Yuan Dyansty

长 2.7cm　宽 2.7cm　高 6.5cm

　　器长方形，青田石质。石章为孔府传世品，印面篆书"咏诗书弹琴以自娱"八字。侧边四面行书刻辞"摹印篆汉八隶之一法乎，平正方直为主，多减少增，不失六义，迈隶而不用隶之笔，绝出周籀，妙入神品。元统二年六月雪舟作"。元代元统二年即公元1334年。现藏曲阜文物局孔府文物档案馆。

青田石章印文

Stamp of the Qingtian stone seal

明 "御赐诗书礼乐" 刻山水人物黑寿山石章

Black Shoushan stone seal engraved with landscapes and figures and with inscription of Chinese characters "Yu Ci Shi Shu Li Yue", Ming Dynasty

长 6.6cm　宽 3.6cm　高 7.5cm

　　器呈山形, 寿山石质, 墨色。石质优良, 印面椭圆, 两侧各刻绘一条升龙纹。石章为孔府传世品, 篆书印文为 "御赐诗书礼乐" 六字。现藏曲阜市文物局孔府文物档案馆。

寿山石章印文

Stamp of the Shoushan stone seal

明嘉靖何震刻青田石章

Qingtian stone seal by He Zhen (a famous carving artist in Ming Dynasty), Jiajing period of Ming Dynasty

长 4cm 宽 1.7cm 高 9.6cm

　　器长方形，青田石质。石章为孔府传世品。印面篆书为"人生聚散，信忠浮云"八字。两侧面刻辞云"盖自隶书省便，形体变易，多失先民制作本意。后世书家特用新奇姿致为工，古仪沦丧，矩护无传，每念千古，悄然长叹。丙寅九月望日何震作"，明代嘉靖丙寅即公元 1566 年。现藏曲阜市文物局孔府文物档案馆。

青田石章印文

Stamp of the Qingtian stone seal

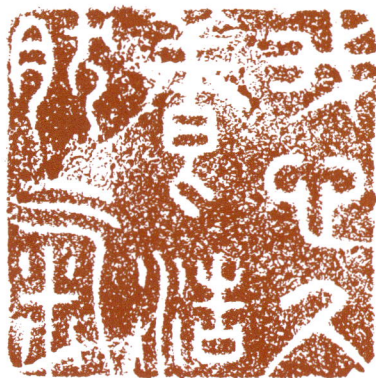

明嘉靖文彭刻青田石章

Qingtian stone seal by Wen Shoucheng (a famous carving artist in Ming Dynasty),
Jiajing period of Ming Dynasty

长 7.5cm 宽 7.2cm 高 4.2cm

    器正方形，青田石质，呈墨色。石章为孔府传世品。印面篆书"我心久养浩然气"七字，印背楷书刻辞云"遡自文字初兴，鬼神竟哭，篆籀继起科争飞，虽晋士书经个个金钱觅去，唐人草法行行宝剑传来，皆不若秦刻离奇汉镌光怪也。丙寅春日文寿承作"。明代嘉靖丙寅即公元1566年，现藏曲阜市文物局孔府文物档案馆。

文彭刻青田石章印文

Stamp of the Qingtian stone seal made by Wen Shoucheng

明隆庆文彭刻青田石章

Qingtian stone seal by Wen Peng (a famous carving artist in Ming Dynasty), Longqing period of Ming Dynasty

长 6.1cm　宽 3.5cm　高 5.3cm

　　器长方形，青田石质，半丘顶。石章为孔府传世品，印面篆书"玩古训己惩心"六字，侧边刻辞一："藏经阁三桥居士文彭作于安晚轩"；刻辞二："隆庆二年八月十五日寓宝应报恩寺"。隆庆二年即公元 1568 年，现藏曲阜市文物局孔府文物档案馆。

文彭刻青田石章印文

Stamp of the Qingtian stone seal made by Wen Peng

明文彭刻青田石章

Qingtian stone seal by Wen Shoucheng, Ming Dynasty

长 6.3cm 宽 3.6cm 高 5.4cm

　　器长方形，半丘顶，青田石质，墨色。石章为明代嘉靖年间文物，系孔府传世品。印面篆书"陶陶尽醉太平且乐唐虞景化"十二字，侧边隶书刻辞云"陶陶尽醉太平且乐唐虞景化，寿承篆于白门舟次"。现藏曲阜市文物局孔府文物档案馆。

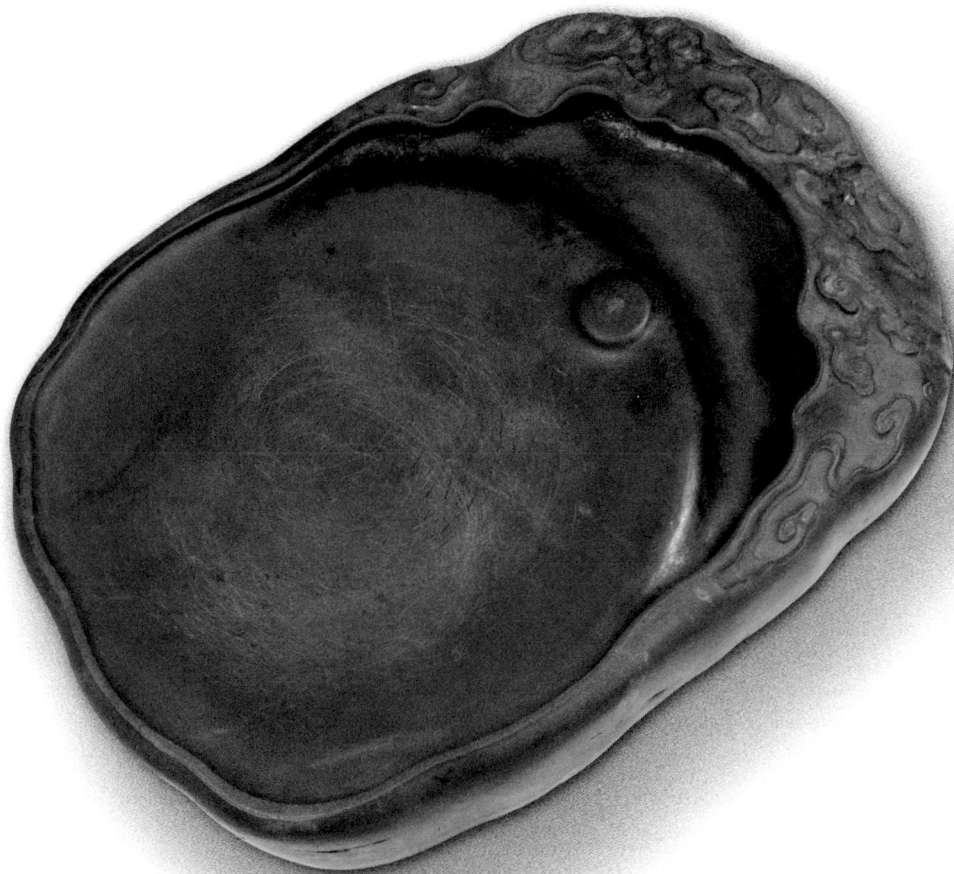

清刻云纹端砚

Duan ink-slab (Duan Yan) with cloud patterns, Qing Dynasty

长 22.5cm 宽 17cm 高 4cm

　　器石质，呈不规则椭圆形，带楠木盒。砚身黑色，砚缘为波状，一端
浮雕卷云纹饰。砚池一端的凹槽为墨池，旁有一眼；砚底部椭圆形内凹，
中有两柱状眼。孔府传世，现藏曲阜市文物局孔府文物档案馆。

清孔繁灏（hào）刻狮钮水晶印章
Crystal seal with lion-shape knob engraved by Kong Fanhao, Qing Dynasty
长 7.6cm　宽 7.6cm　通高 12.1cm

　　器正方形，水晶质，雕辟邪为钮。狮首虎身，独角，回首卷尾，四足立于方座上。印面刻篆书，印文"孔子七十四代孙繁灏之印"十一字。此为清代道光、咸丰年间孔子七十四代孙衍圣公孔繁灏的私章，为孔府传世品。现藏曲阜市文物局孔府文物档案馆。

孔繁灏刻狮钮水晶印章印文
Stamp of the crystal seal with lion-shape knob engraved by Kong Fanhao

书 画 古 籍

PAINTINGS, CALLIGRAPHIES
AND ANCIENT BOOKS

明人彩绘《圣迹图》 The Pictures of the Sage's Traces (Colored pictures of the stories of Confucius), Ming Dynasty

　　《圣迹图》始于明代，是孔子生平事迹的组画，即今日所说的连环画。北魏孝文帝赐封孔子为"文圣"，宋真宗皇帝封孔子为"至圣"，即最高的圣人，故孔子的组画称《圣迹图》。历史上，《圣迹图》有多种，可知的有石刻本、木刻本、彩绘本、石印本。今选入本书的为彩绘绢本《圣迹图》，俗称彩绘本，共36幅，每幅一画，一画一事，按故事发生先后排序，将孔子生平中的大事一一展示出来。彩绘《圣迹图》为册页式样，宽66.2，高41.5厘米，图中无款，作者及绘制年代不详。据清雍正七年（1729年）的题跋认为绘于明代成化、弘治年间（1465年－1505年）。《圣迹图》书画上乘，编绘得体，具有重要的历史、艺术价值，且装帧考究，堪称珍品，现藏曲阜市文物局孔府文物档案馆。

圣迹图1　麟衔玉书图
Picture 1: Unicorn Sending Jade Books to Confucius' Family

　　图中文曰："先圣未生时，有麟衔玉书吐于阙里。其文曰：'水精子继衰周而素王'。颜氏异之，乃以绣绂系麟角信宿而去，怀妊十有一月而生先圣"。

麟衔玉书图局部
Part of the Picture Unicorn Sending Jade Books to Confucius' Family

圣迹图 2　尼山致祷图

Picture 2: Praying at Nishan Mountain

图中文曰："《家语》云：孔子母征在祷於尼山而生孔子，首上圩顶象尼丘，因名丘，字仲尼。史记□□□□□然实诞圣之本故録□"。

圣迹图 3　二龙五老图

Picture 3: Two Dragons and Five Gods

彩绘孔子诞生时二龙五老绕室降庭情景

1. 圣迹图 4　钧天降圣图
   Picture 4: Birth of the Sage to the Music
   from the Heave

2. 钧天降圣图局部
   Part of the picture of Birth of the Sage to the
   Music from the Heaven

3. 钧天降圣图局部
   Part of the picture of Birth of the Sage to the
   Music from the Heaven

圣迹图 5 俎（zǔ）豆礼容图

Picture 5: Practicing Sacrifice with Sacrificial Vessels

圣迹图 6 命名荣贶（kuàng）图

Picture 6: Naming the Son "Li" Commemorating the Grant of the King

　　彩绘孔子儿子出生时"昭公以鲤鱼赐孔子，荣君之贶，故名鲤，字伯鱼"的故事情景。

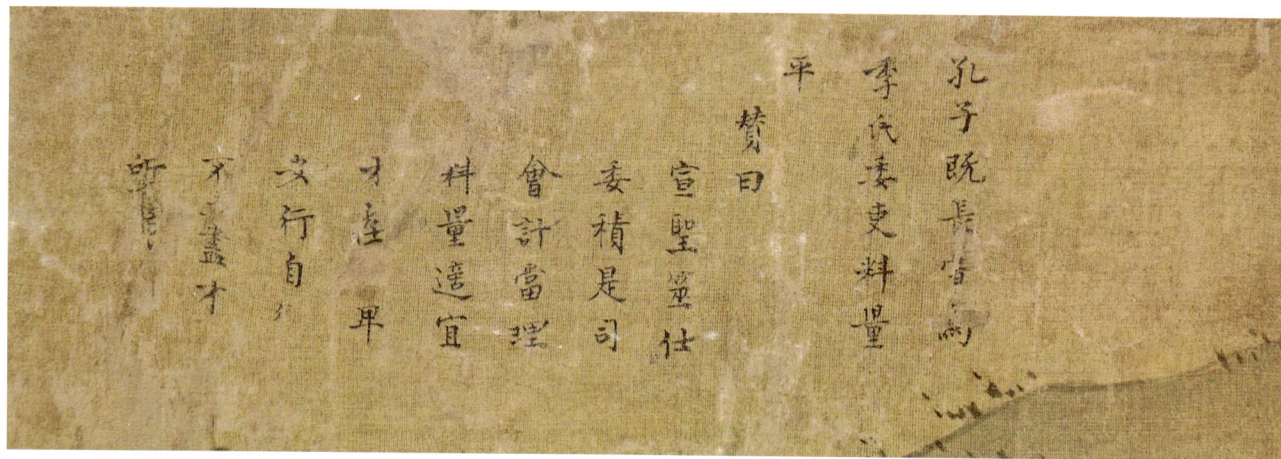

圣迹图 7　职司委吏图
Picture 7: Working as Accountant in the Warehouse
　"委吏"即管理仓库的会计、小吏。

职司委吏图局部
Part of the picture of Working as Accountant in the Warehouse

圣迹图 8　职司乘田图
Picture 8: Working as Official Herding Cattle
and Sheep
"乘田"即管理牛羊的小官

职司乘田图局部
Part of the picture of Working as Official Herd-
ing Cattle and Sheep

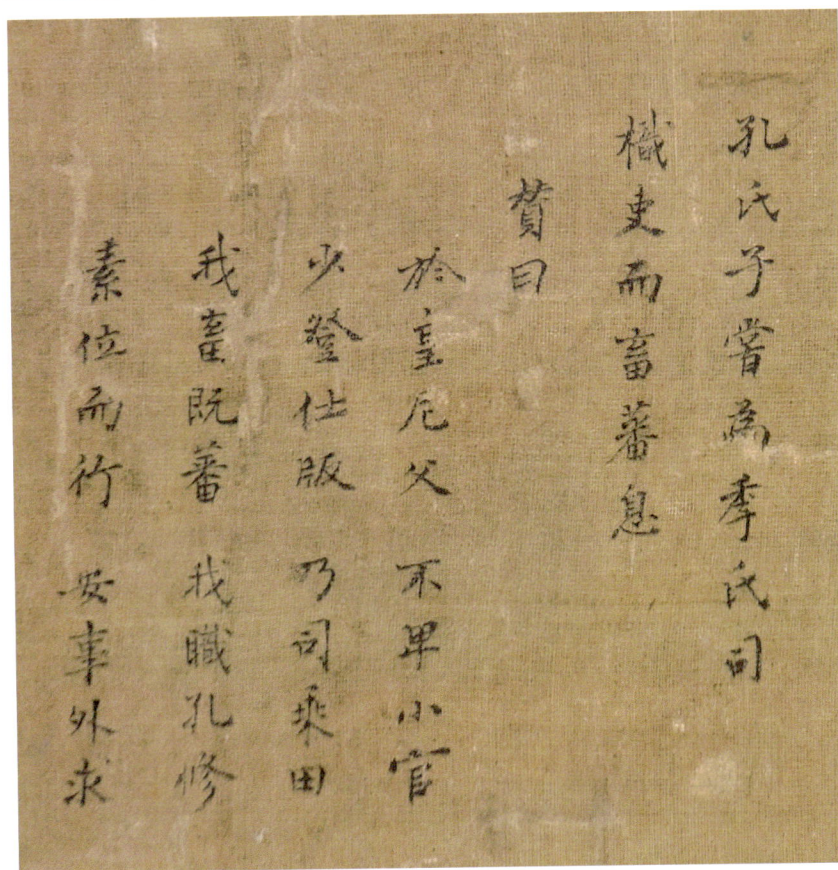

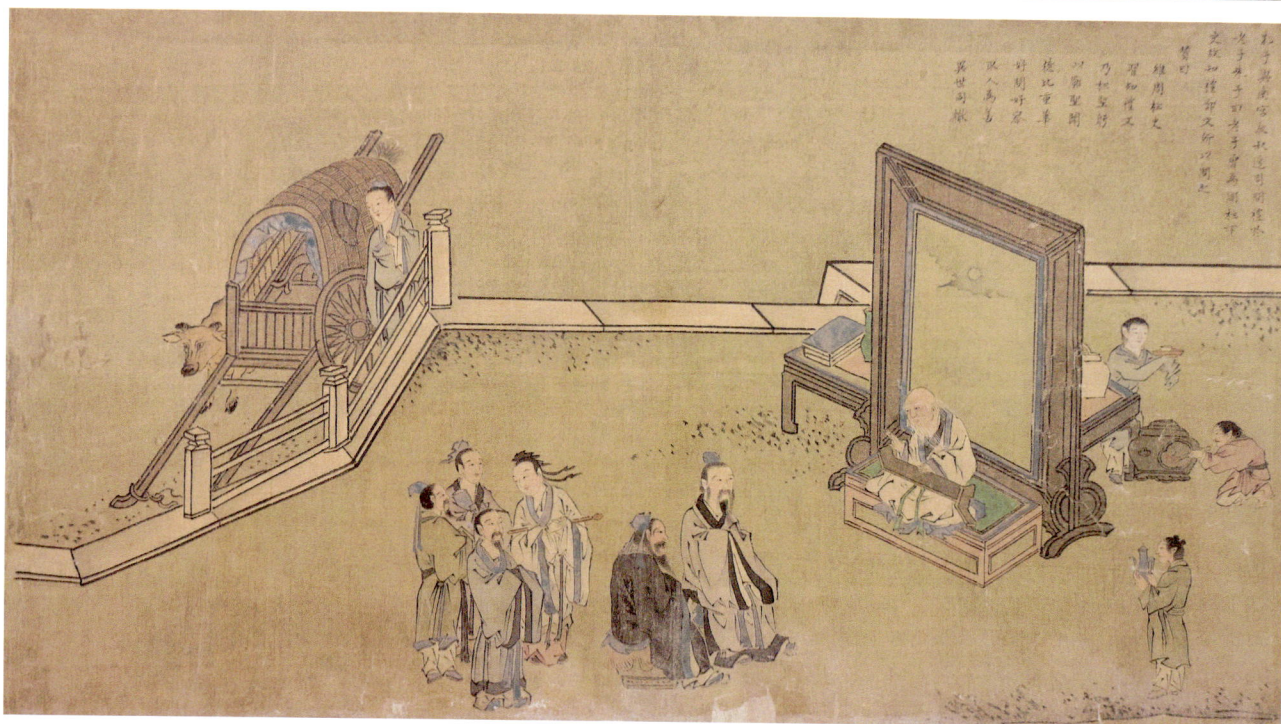

圣迹图9　学琴师襄图

Picture 9: Learning Music Instrument Playing Skills from Shixiang

彩绘孔子拜师襄学琴的故事情景

圣迹图10　问礼老聃图

Picture 10: Seeking Advice on Etiquette from Lao-Tze

彩绘孔子向老子问礼的情景

孔子年四十三暮昭公卒定
公立季氏僭於公室陪臣執
國命故孔子不仕退而修詩
書定禮樂弟子彌衆

贊曰
通群志狙　歸暮政荒
道不可行　懷琵以藏
乃修詩書　正樂定禮
沽哉沽哉　待賈而走

孔子年四十三暮昭公卒定
公立季氏僭於公室陪臣執
國命故孔子不仕退而修詩
書定禮樂弟子彌衆

贊曰
通群志狙　歸暮政荒
道不可行　懷琵以藏
乃修詩書　正樂定禮
沽哉沽哉　待賈而走

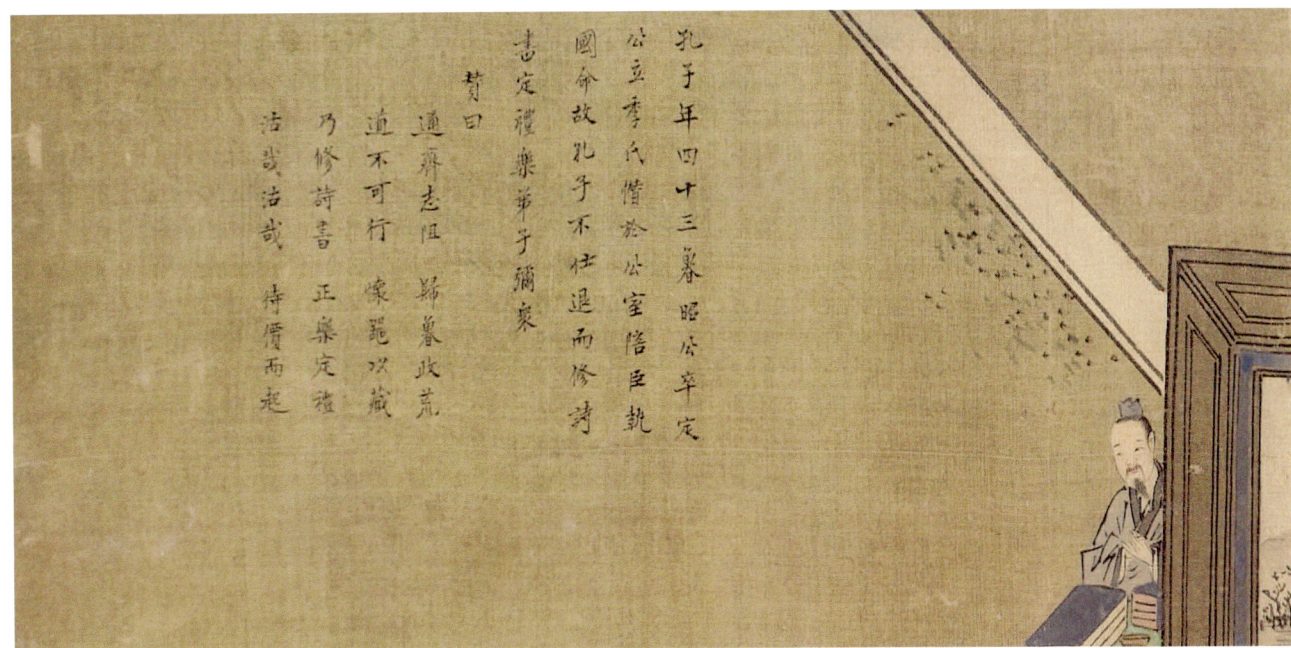

圣迹图11　退修诗书图

Picture 11: Resigning for Learning

纵 41.5cm　横 66.2cm　画心：纵 33cm　横 61cm

　　彩绘孔子于鲁昭公去世之年，因对季氏僭礼干政不满而"退修诗书"的场景。

退修诗书图局部

Part of the picture of the Resigning for Learning

圣迹图 12　在齐闻韶图
Picture 12: Listening to the Shao Music in
the State of Qi
　彩绘孔子"在齐闻韶乐"的故事情景

在齐闻韶图局部
Part of the picture of Listening to the Shao
Music in the State of Qi

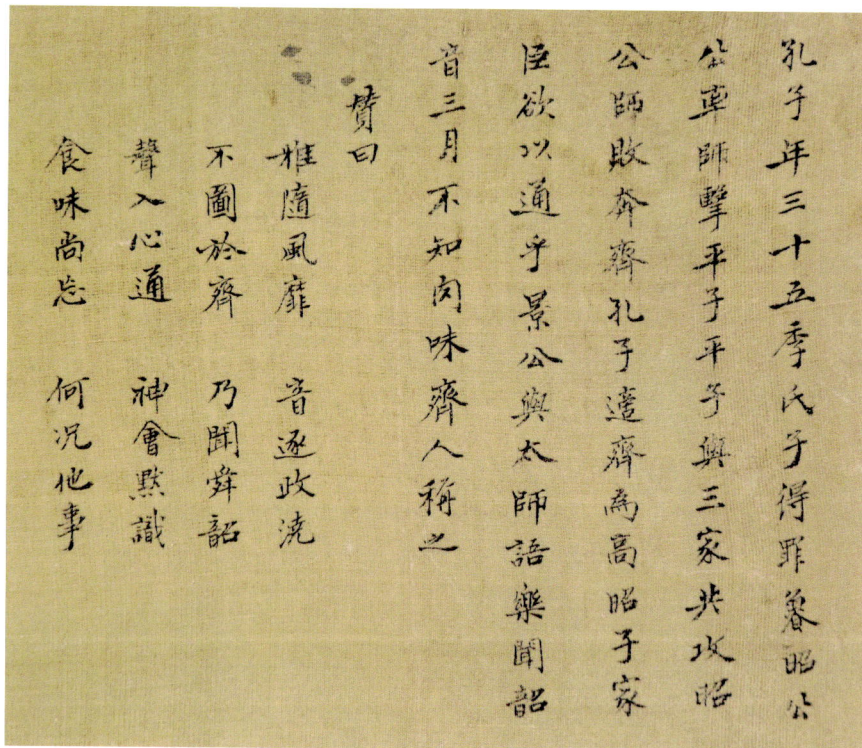

孔子年三十五季氏子得罪鲁昭公

鲁乱师擊平子與三家共攻昭

公師敗奔齊孔子遶齊為高昭子家

臣欲以通乎景公與太師語樂聞韶

音三月不知肉味齊人稱之

贊曰

框隨風靡　音逐政流

不圖於齊　乃聞舜韶

聲入心通　神會默識

食味尚忘　何況他事

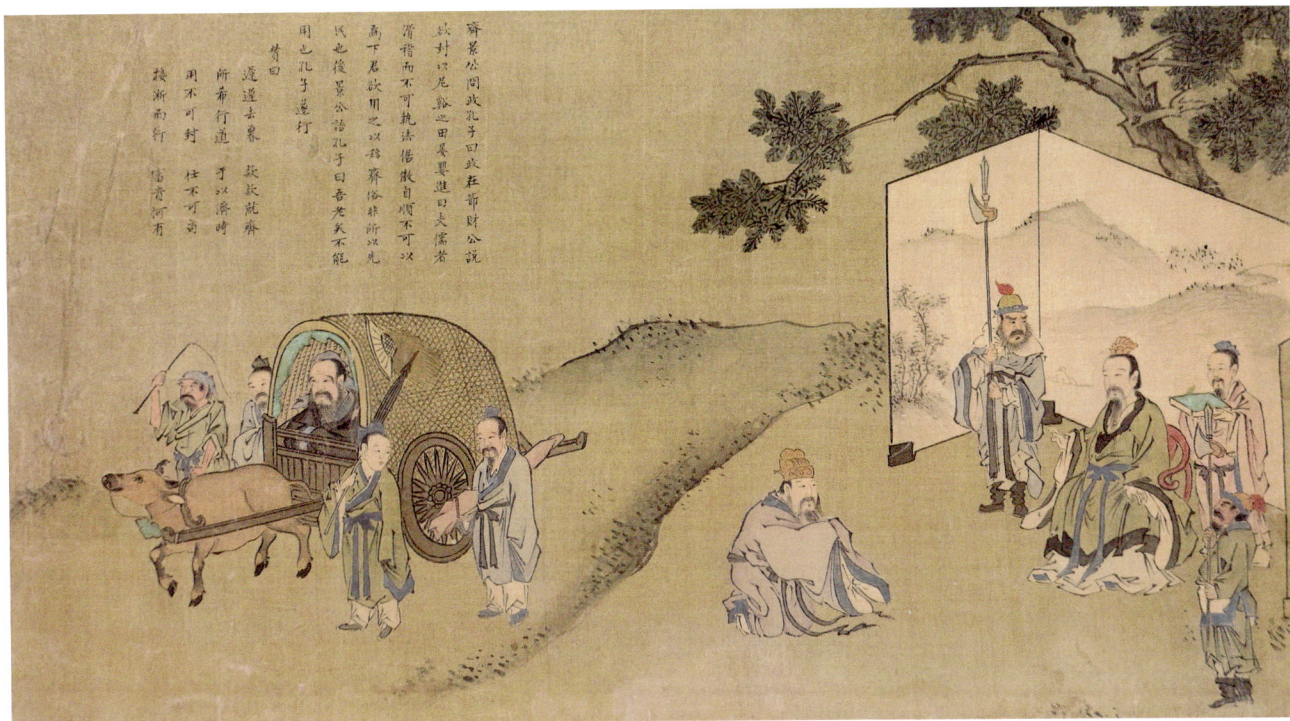

齐景公问政孔子曰政在节财公说
欲封以尼谿之田晏婴进曰夫儒者
滑稽而不可执法倨傲自顺不可以
为下君欲用之以移齐俗非所以先
民也后景公语孔子曰吾老矣不能
用也孔子遂行

赞曰

遥遥去鲁　款款就齐
所希行道　于以济时
用不可封　仕不可尚
接淅而行　富贵何有

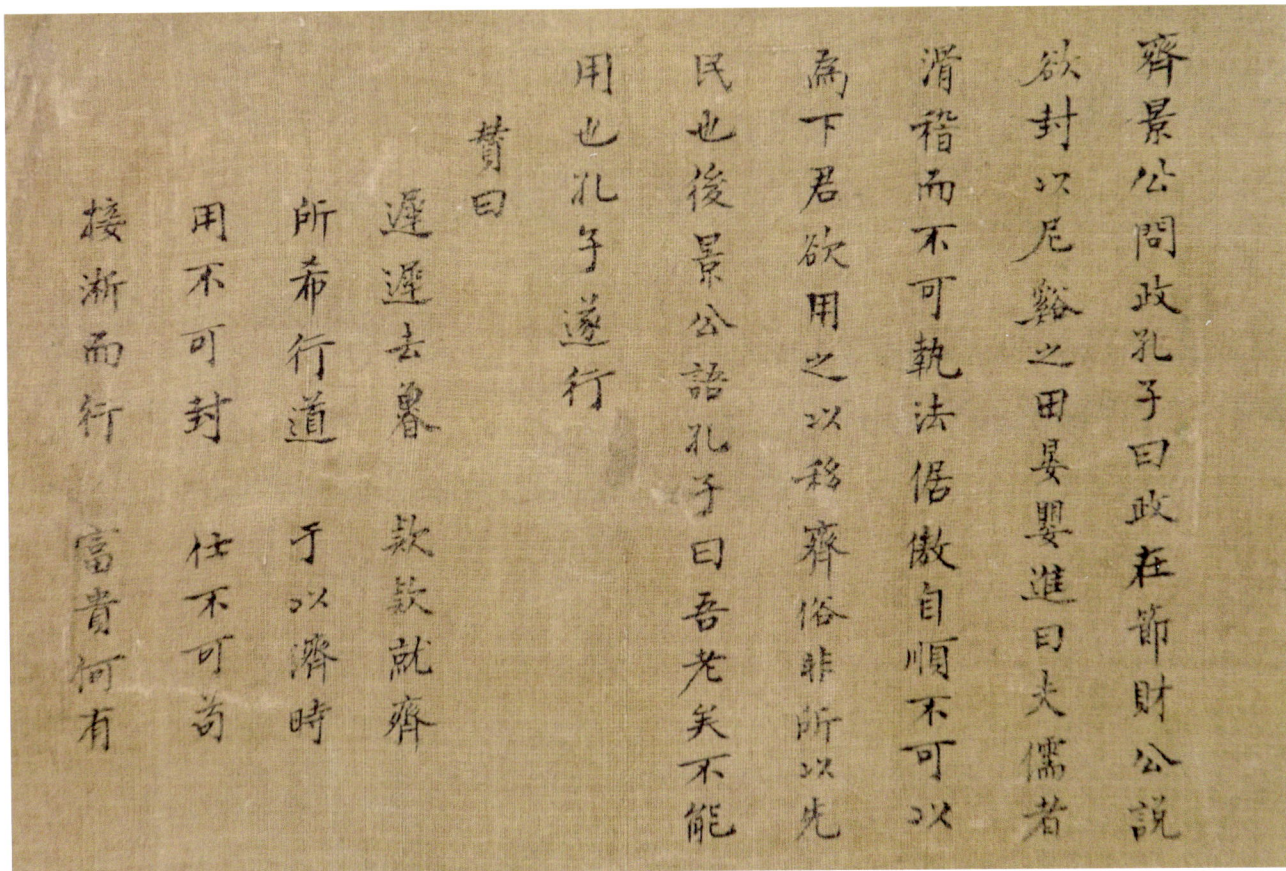

圣迹图 13　晏婴沮（jū）封图

Picture 13: Yanying Dissuading the King of Qi State from Granting Confucius with Land
　　彩绘晏婴阻止齐景公将田地封赐给孔子，及齐景公问政于孔子的故事情景。

晏婴沮封图局部
Part of the picture of Yanying Dissuading the King of Qi State from Granting Confucius with Land

圣迹图 14　诛少正卯图

Picture 14: Killing Shaozheng Mao

圣迹图 15　夹谷会齐图

Picture 15: Meeting of the Kings of Qi and Lu States in Jiagu

　　彩绘孔子作为相礼陪同鲁定公与齐景公夹谷会盟的故事情景,其结果
是鲁国取得外交胜利。

圣迹图 16　归田谢过图

Picture 16: The State of Qi Returning the Land to the State of Lu for Penitence

　　彩绘孔子陪齐鲁国君夹谷相会后,齐景公认为在外交上失礼,采纳臣子的建议,将过去侵占鲁国的郓、灌、龟阴之田归还给鲁国,以表示悔过的故事情景。

圣迹图 17　女乐文马图

Picture 17: Pretty Dancing Girls and Horses of Rich and Bright Colors

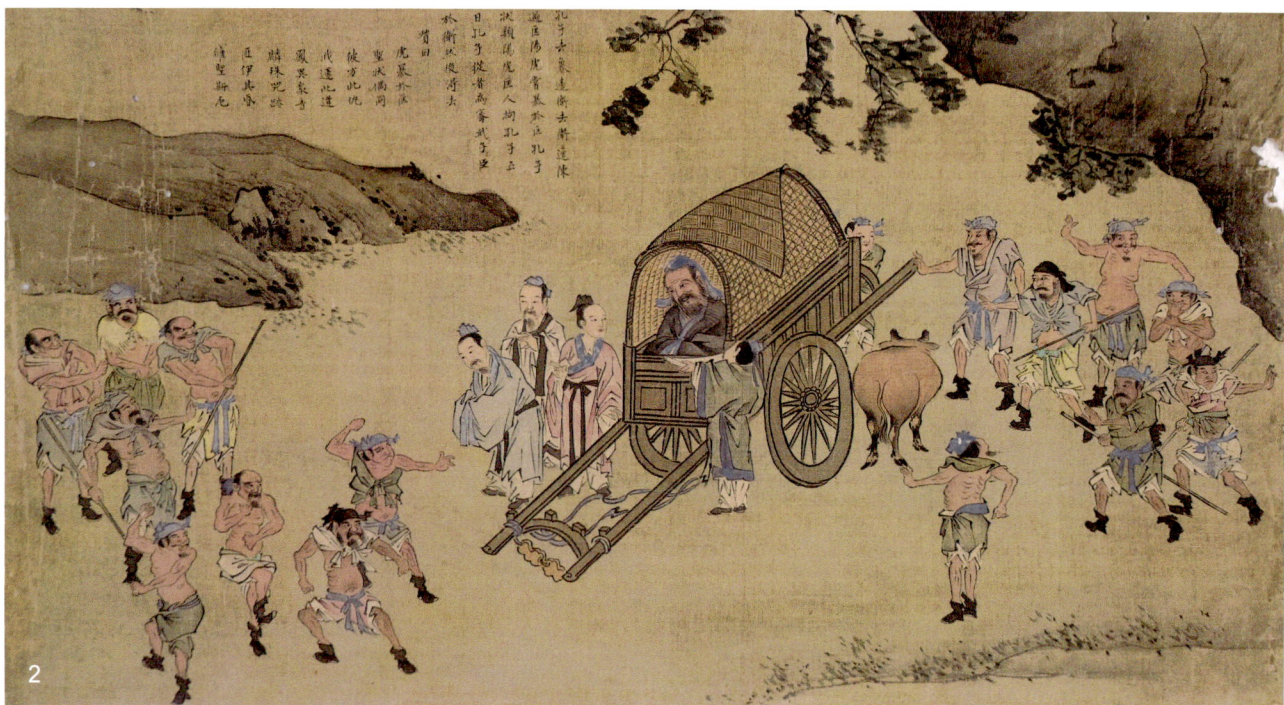

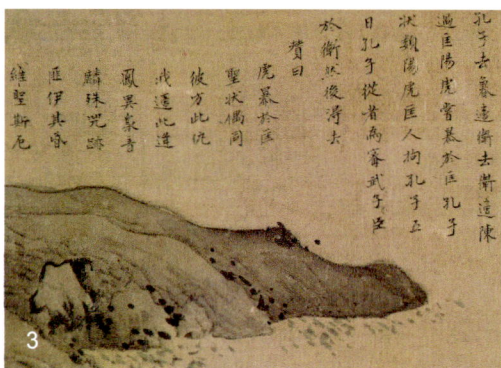

1.圣迹图18 因燔（fān）去鲁图
Picture 18: Leaving the State of Lu to Travel through all the Kingdoms
　　图中描述：因齐人送礼"女乐文马"，鲁君沉醉其中，"怠于政事"，孔子劝谏无效，兴国无望，心中如焚，故离开鲁地周游列国。

2.圣迹图19 匡人解围图
Picture 19: Rescuing Confucius from the Siege of the Kuang people

3.匡人解围图局部
Part of the picture of Rescuing Confucius from the Siege of the Kuang people

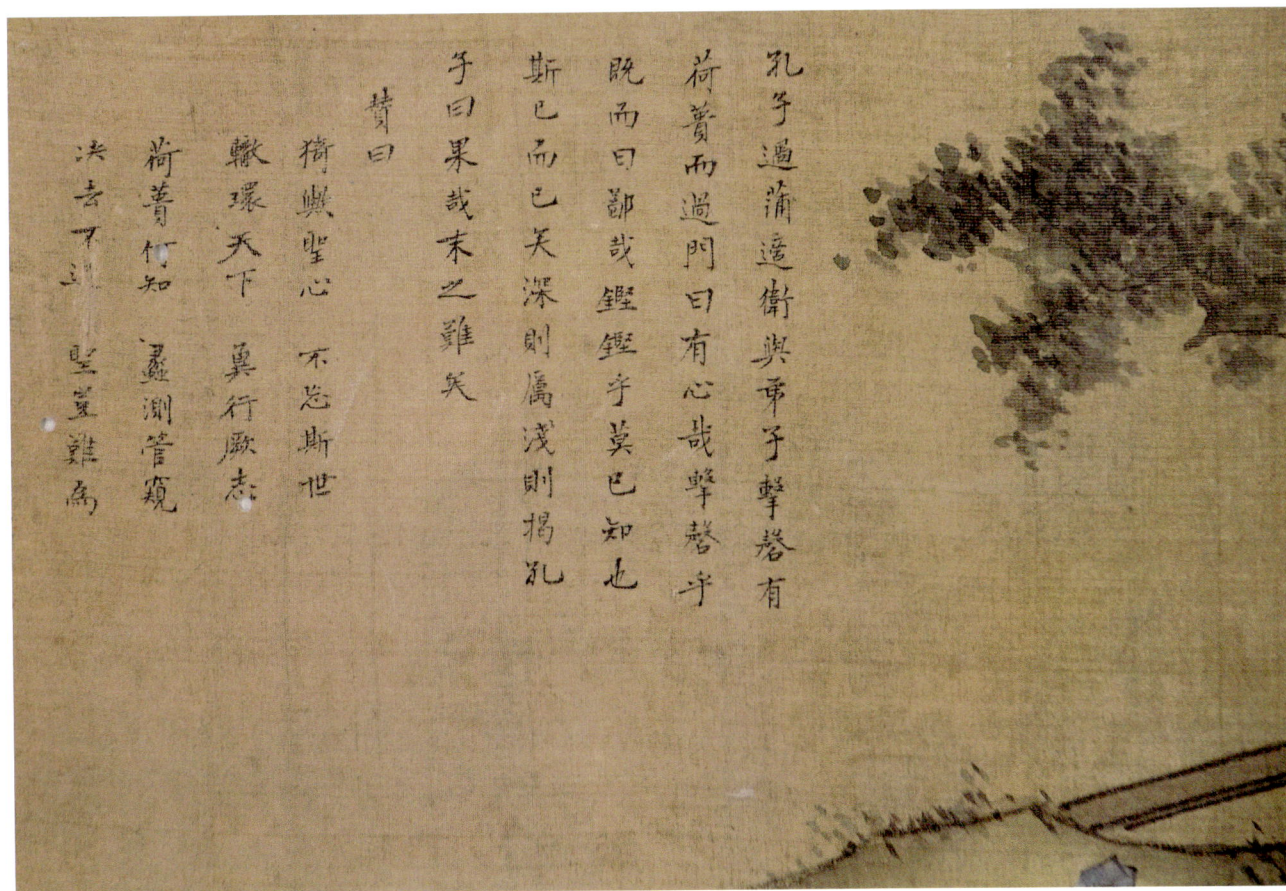

孔子過蒲適衛與承子擊磬有
荷蕢而過門曰有心哉擊磬乎
既而曰鄙哉鏗鏗乎莫己知也
斯已而已矣深則厲淺則揭孔
子曰果哉末之難矣

贊曰

猗歟聖心　不忘斯世
轍環天下　異行歐志
荷蕢何知　蠡測管窺
洪壽丁丑　聖莫難為

圣迹图 20　适卫击磬图
Picture 20: Playing the Chime Stone (Qing) in the State of Wei

适卫击磬图局部
Part of the picture of Playing the Chime Stone (Qing) in the State of Wei

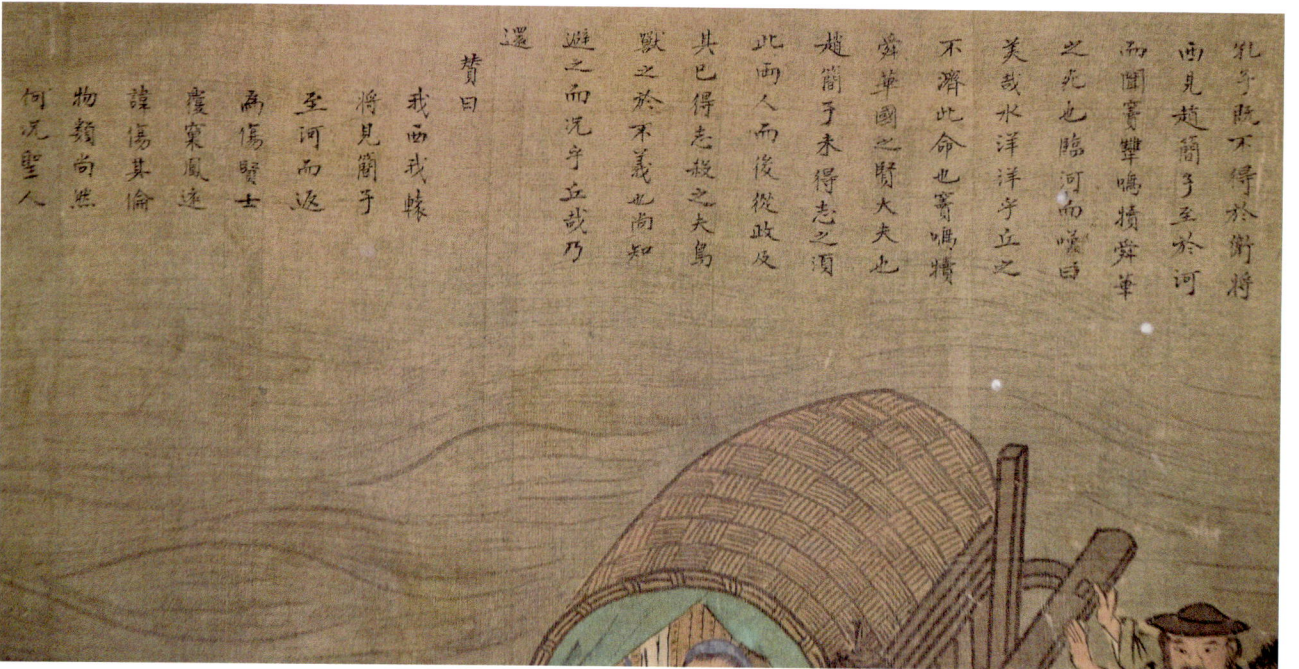

圣迹图 21 临河而返图

Picture 21: Returning before Approaching the River

彩绘孔子周游列国时，想去赵国临河而叹、临河而返的场景。

临河而返图局部

Part of the picture of Returning before Approaching the River

孔子父乎衛靈公問兵陳孔子曰軍旅之事
未之學也明日與孔子語公見蜚鴈仰觀之
色不在孔子遂行後如陳時歲定公三年孔
子年六十矣

賛曰

嗟嗟衛靈　識凡志淫

耳聆聖語　目視蜚禽

散弛於中　惡形於色

邑斯舉矣　義不苟得

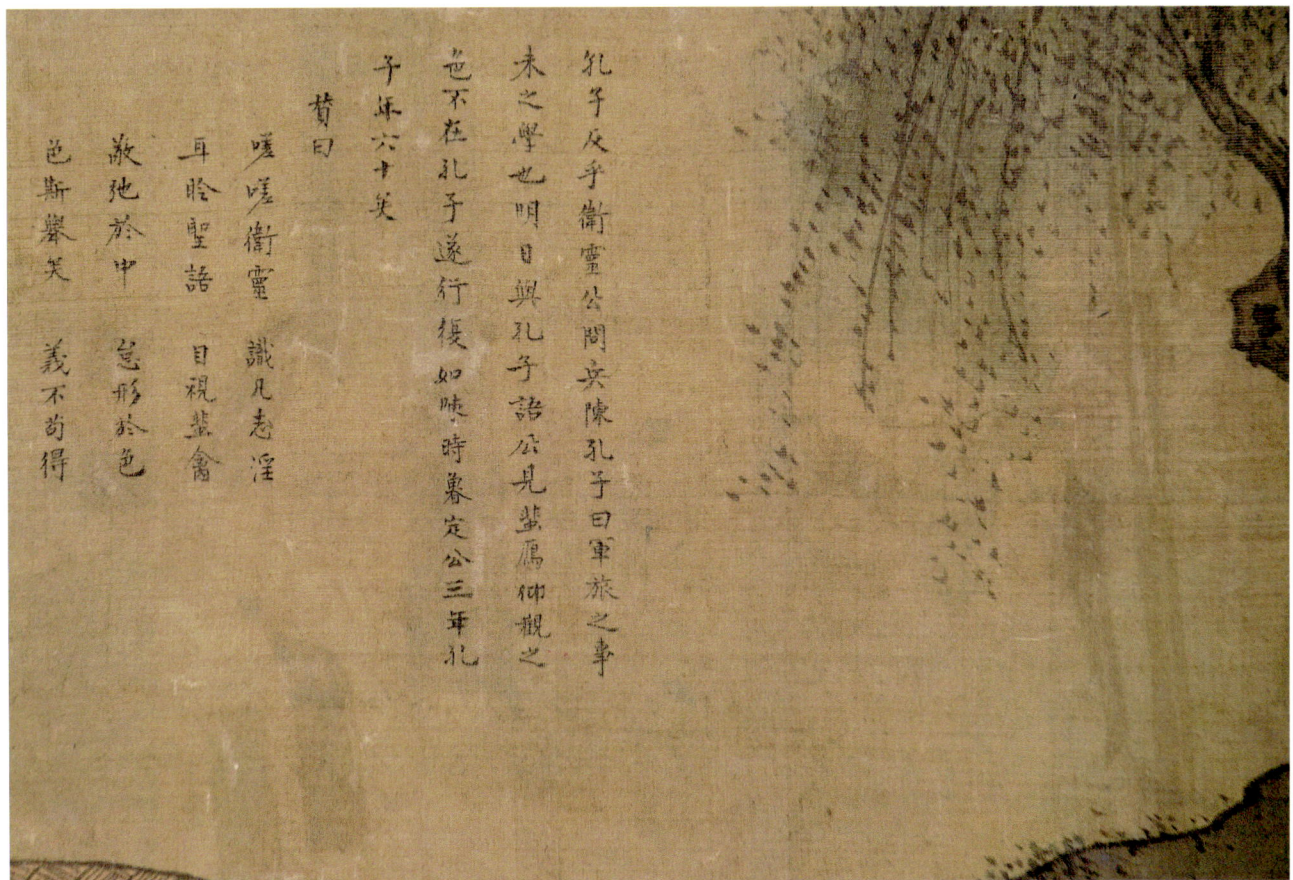

圣迹图 22　灵公问陈图

Picture 22: King Ling of the State of Wei Inquiring about Military Tactics

灵公问陈图局部

Part of the picture of King Ling of the state of Wei Inquiring about Military Tactics

213

圣迹图 23 宋人伐木图

Picture 23: Conflict with Huan of the State of Song

圣迹图 24 楛（hù）矢贯隼（sǔn）图

Picture 24: A Falcon Killed by an Arrow Made of

孔子鉴定箭的时代与族属

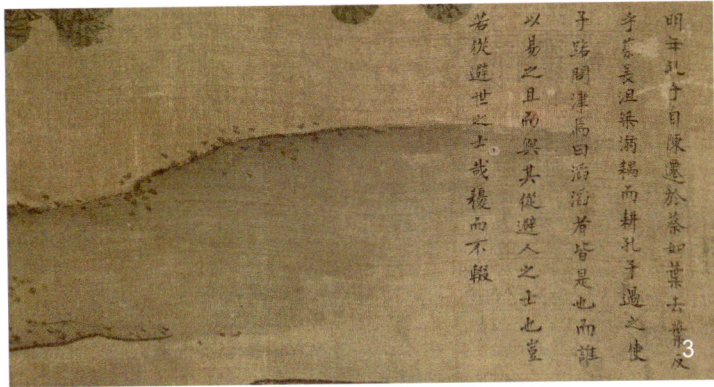

1. 圣迹图 25　在陈绝粮图
   Picture 25: Encountering Run-out
   of Food in the State of Chen
2. 圣迹图 26　子路问津图
   Picture 26: Zi Lu Asking for Ferry
3. 子路问津图局部
   Part of the picture of Zi Lu Asking
   for Ferry

1. **圣迹图27 子西沮封图** Picture 27: Zixi Dissuading the King of Chu State from Granting Confucius with Official Position and Land

　　彩绘楚昭王欲聘孔子为官，赐封孔子土地，因楚国令尹子西反对未成，孔子自楚而返的情景。

2. **圣迹图28 丑次同车图（一）** Picture 28: Breach of Eti-quette by Taking the Wrong Carriage (I)

　　图中所绘：卫灵公想请教孔子，然而卫灵公却与夫人同车，孔子另车，很是失礼。

3. **丑次同车图局部** Part of the picture of Breach of Etiquette by Taking the Wrong Carriage (I)

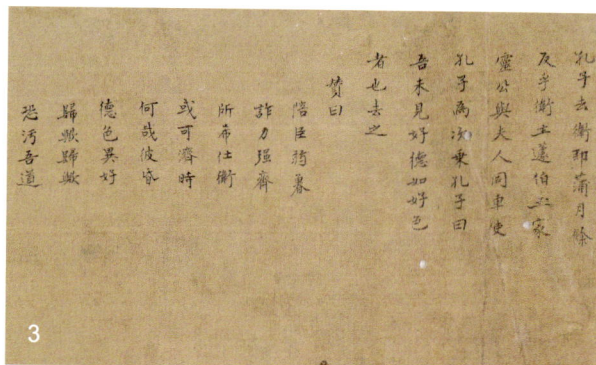

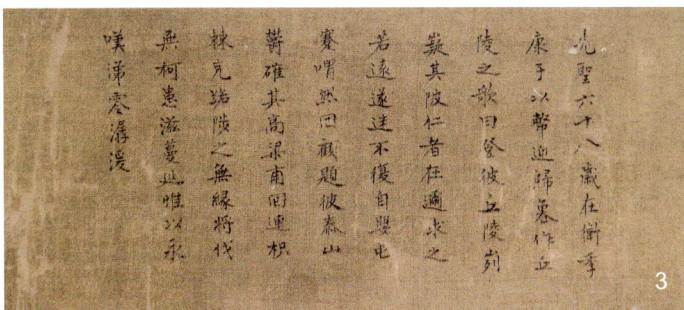

1. 圣迹图 29　丑次同车图（二）
   Picture 29: Breach of Etiquette by Taking the Wrong Carriage (II)

2. 圣迹图 30　作歌丘陵图
   Picture 30: Writing Poem in Qiuling

   彩绘孔子周游列国十四年后，鲁国执政季康子迎孔子归鲁，孔子心绪万千，慨叹而歌。

3. 作歌丘陵图局部
   Part of the picture of Writing Poem in Qiuling

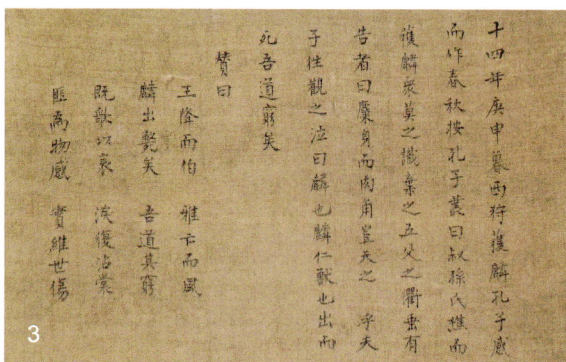

1. 圣迹图 31　删述六经图
　Picture 31: Compiling the Six Classics

2. 圣迹图 32　西狩获麟图
　Picture 32: Hunting Unicorn

3. 获麟图局部
Part of the picture of Hunting Unicorn

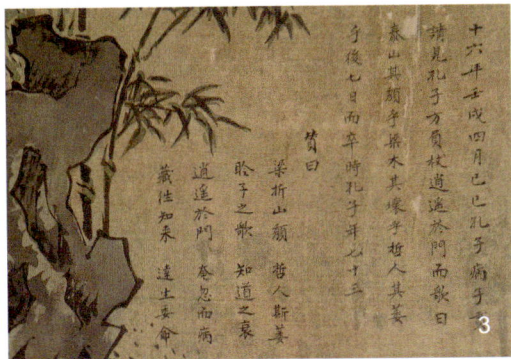

1. 圣迹图 33　跪受赤虹图

Picture 33: Worshipping the Red Rain bow on Bended Knees

　　图中描述孔子著书后祭告上天，天空射下一道彩虹，变成一块黄玉，"孔子跪而受之"，是说孔子的经典得到上天的感应、批准。

2. 圣迹图 34　梦奠两楹（yíng）图

　Picture 34: Dream of Sitting between Two Pillars of the Mourning Hall

　　图中所绘：孔子带病于门前，歌叹"泰山其颓"

3. 梦奠两楹图局部

Part of the picture of Dream of Sitting between Two Pillars of the Mourning Hall

圣迹图 35 治任别归图

Picture 35: Students of Confucius Leaving the Tomb of Confucius after Mourning for Three Years

　　彩绘弟子们在孔子死后"治任别归"，服丧守墓三年离去、而子贡独自守墓六年的情景。

圣迹图 36 汉高祀鲁图

Picture 36: Liu Bang (First Emperor of Han Dynasty) at Memorial Ceremony for Confucius

彩绘孔子去世280年后，西汉开国皇帝刘邦祭孔的情景。

圣迹图 37 明人彩绘《圣迹图》题跋

Picture 37: Preface and Postscript of the Pictures of the Sage's Traces, Ming Dynasty

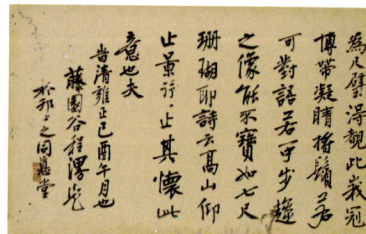

孔子觀於魯桓公之廟有欹
器焉問於守廟者此謂何器
對曰此蓋為宥坐之器孔子
曰吾聞宥坐之器虛則欹中
則正滿則覆明君以為至誠
故宣置之於坐側顧謂弟子
曰試注水焉水為乃注之水中則
正滿則覆夫子喟然歎曰吁
惡有滿而不覆者哉子
路進曰敢問持滿有道乎子
曰聰明睿智守之以愚功被
天下守之以讓勇力振世守
之以怯富有四海守之以謙
此所謂損之又損之道也

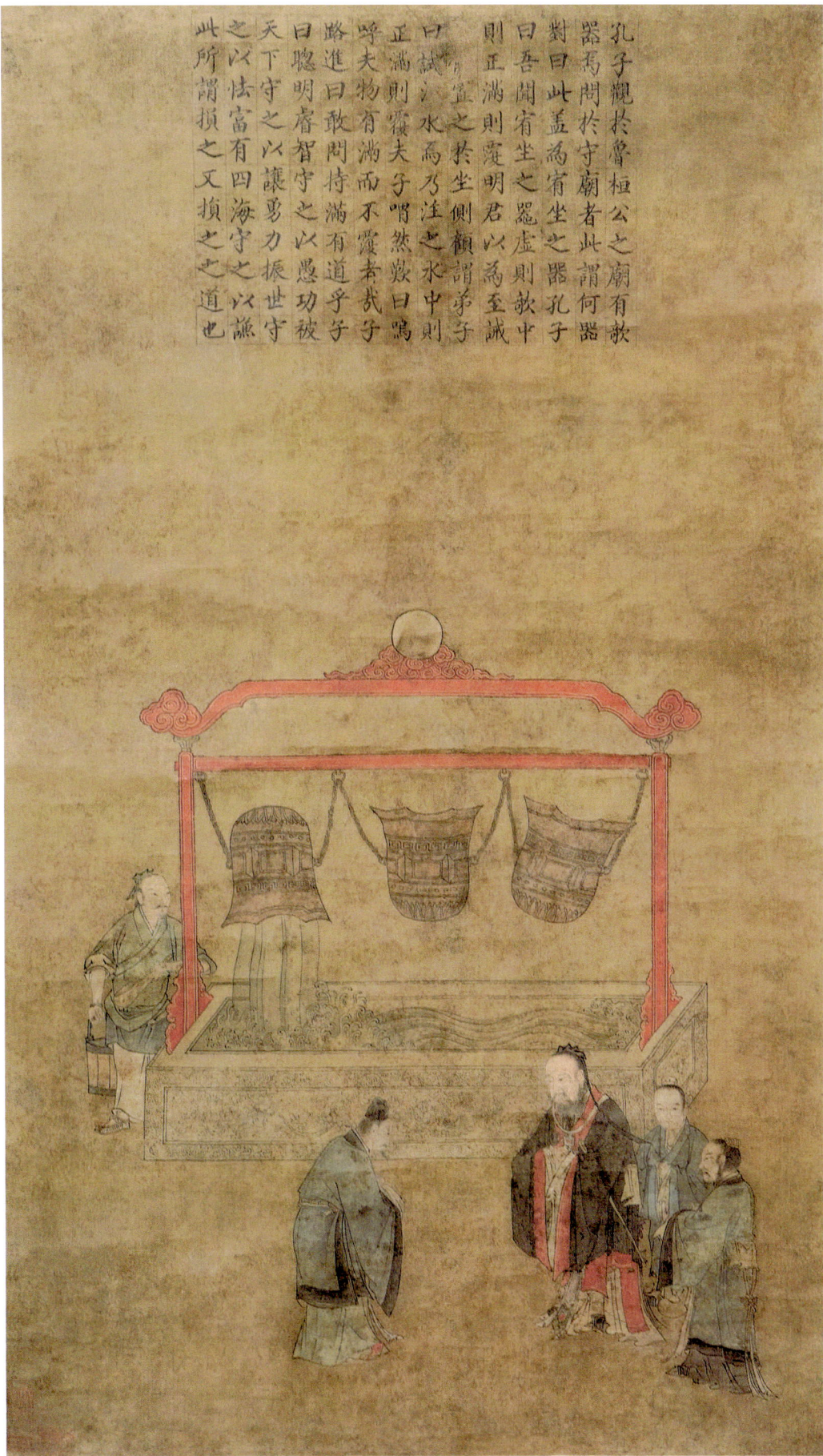

明人孔子观欹器图轴

Picture of Confucius Watching Qi Qi (a kind of water tank), Ming Dynasty

纵 269cm 横 78.2cm

图为明代人作品，画的是孔子带领弟子们到鲁国太庙，看到一种器物，底部圆顿，水满时则倾，称作欹器。孔子以此教育学生"满招损，谦受益"。画的左下方有印三方，其一为"项墨林父秘笈之印"，其余两印文字不清。为孔府传世品，现藏曲阜市文物局孔府文物档案馆。

明人孔子、颜回、曾参三圣图轴
Picture of Confucius, Yan Hui and
Tseng-tzu, Ming Dynasty
纵 274cm　横 95.5cm

　　本图为孔府传世文物，绘制
的是孔子及其弟子颜回、曾参。三
人衣上满书蝇头小楷，写的是全
部《论语》，为明代人作品，而左
下署 "口口三年仲春吴兴赵孟頫
谨写"，则是作伪。现藏曲阜市文
物局孔府文物档案馆。

→三圣图中的孔子像
Part of the Picture of Confucius, Yan
Hui and Tseng-tzu

明人孔子讲学图轴

Picture of Confucius Giving Lecture,
Ming Dynasty

纵 298.5cm　横 106.5cm

　　该画为明代人绘制，左下方有
"李唐"伪款，右下方朱色印迹三方，
分别是"会稽太守章"、"唐伯虎"、
"张口私印"。现藏曲阜市文物局孔
府文物档案馆。

明人孔子燕居图轴
Portrait of Confucius, Ming Dynasty
纵 277cm 横 118.5cm

　　孔府旧藏，即身穿休闲服的孔子像。
现藏曲阜市文物局孔府文物档案馆。

孔氏族谱手卷局部
Part of the hand scroll of Confucius amily Tree

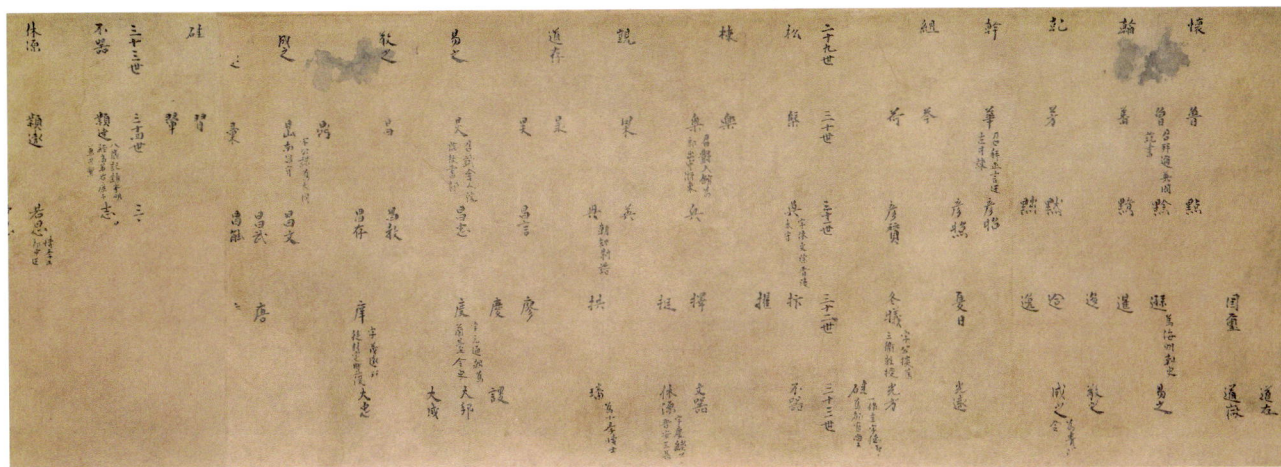

明吴彬孔子杏坛讲学图轴

Picture of Confucius Giving a Lecture on the Xing Tan (the place where Confucius taught his disciples), By Wu Bin, Ming Dynasty

纵318.5cm 横74cm

孔府旧藏，现藏曲阜市文物局孔府文物档案馆。

明人孔子、颜回、曾参三圣图轴

Picture of Confucius, Yan Hui and Tseng-tzu, Ming Dynasty

纵 274cm 横 95.5cm

　　图中画的是孔子及其弟子颜回、曾参三位圣人，明代人绘制。三人所穿长衣大袖，衣纹衣褶处写的是半部《论语》，以工整小楷作为衣纹表现，乍看无字，实为难得，被后人视为画作珍品。现藏曲阜市文物局孔府文物档案馆。

大哉宣聖斯
文在茲帝王
之式古今之
師志則春秋
道絲忠恕賢
於克舜日月
其譽維時載
雍跣此武功
肅昭盛儀海
內聿崇

明人孔子为鲁司寇图轴
Picture of Confucius as Official in
Charge of Criminal Penalty (Sikou) in
the State of Lu, Ming Dynasty
纵 261.5cm 横 81.5cm
　　画为明代人绘制，孔府旧藏，现
藏曲阜市文物局孔府文物档案馆。

明人孔子燕居图轴
Portrait of Confucius,
Ming Dynasty
纵 251cm 横 81.5cm

画为明代人绘制，
画的左上角有伪款
"大德二年四月望日，
吴兴私淑弟子赵孟頫
谨画"，图有印文，印
文不清。为孔府旧藏，
现藏曲阜市文物局孔
府文物档案馆。

宋版《皇朝仕学规范四十卷》

Forty Volumes of Standards for
Officials, Song Dynasty

开本：长 26.5cm　宽 17.4cm

　　1950 年 3 月土改时，收集自
孔府本家十二府。现藏曲阜市文
物局孔府文物档案馆。

宋版《皇朝仕学规范四十卷》目录

Catalogue of Forty Volumes of Stan-
dards for Officials, Song Dynasty

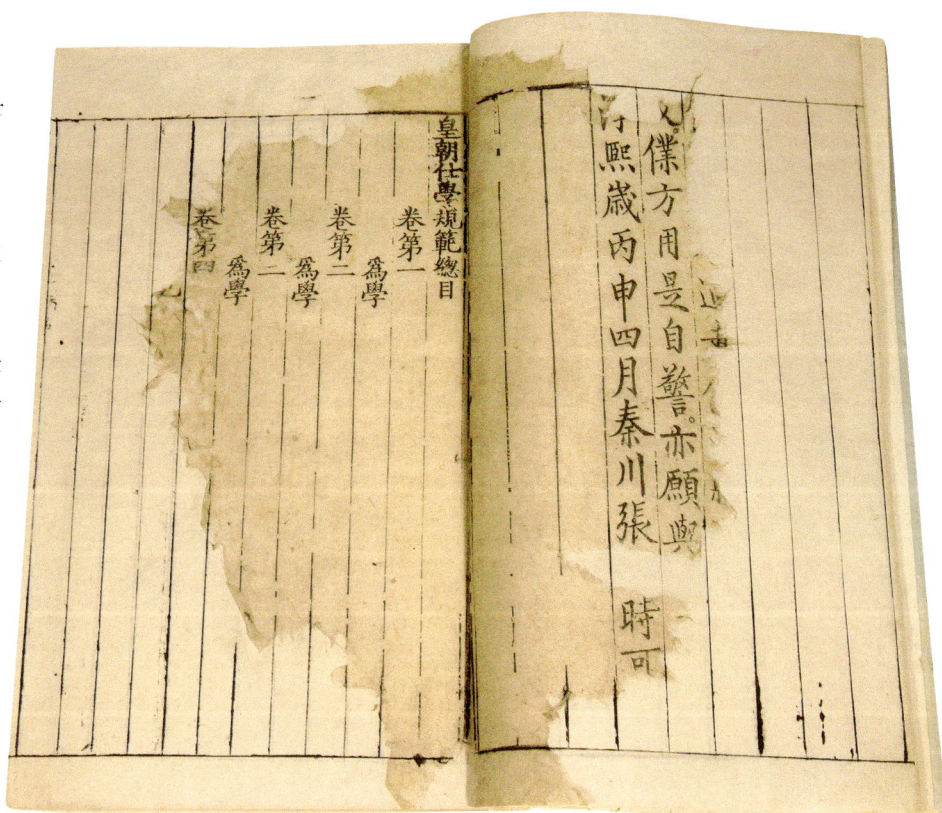

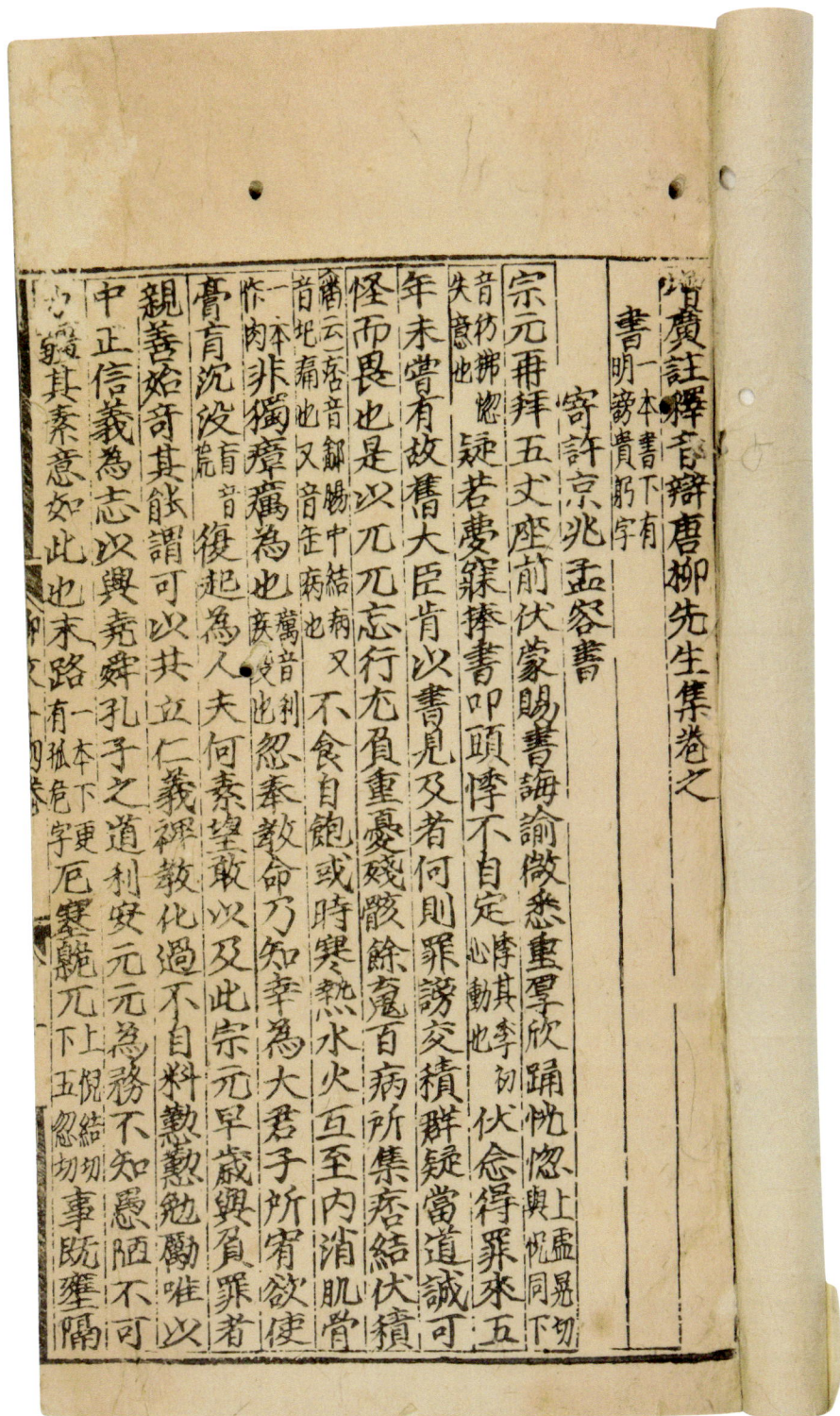

元刻本《增广注释音辩唐柳先生文集》

Block-printed edition of the Collected Works of Liu Zongyuan of Tang Dynasty with Augmented Notes and Explanations on Pronunciation and Meaning, Yuan Dynasty

开本：长 24.5cm　宽 14.2cm

　　文集为纸装纸本，原43卷，今残存7卷。书为唐代柳宗元的文集，宋代童宗说注释，张敦颐音辩，潘纬音义。元代书坊刊印时，将文集、注释、辩音、音义合编为一，故题做今书名。为孔府旧藏，现藏曲阜市文物局孔府文物档案馆。

元刻本《新刊音点性理群书句解》

Block-printed New Edition of Collection of Confucian Writings and Notes, Yuan Dynasty

开本：长 24.2cm　宽 15.5cm

　　书为纸本，线装，计22卷，元代人以宋版《近思录》为据刊印，属于子部儒家类著作。书中收录了宋代大儒朱熹的文集、格言、及"南轩、东莱"二先生格言，分为近思录、近思续录、近思别录三部分，是为宋代理学的开山之作。书中九方印文见证了古籍的收藏流传过程。现藏曲阜市文物局孔府文物档案馆。

《句解》单册

A single volume of the New Edition of Collection of Confucian Writings and Notes

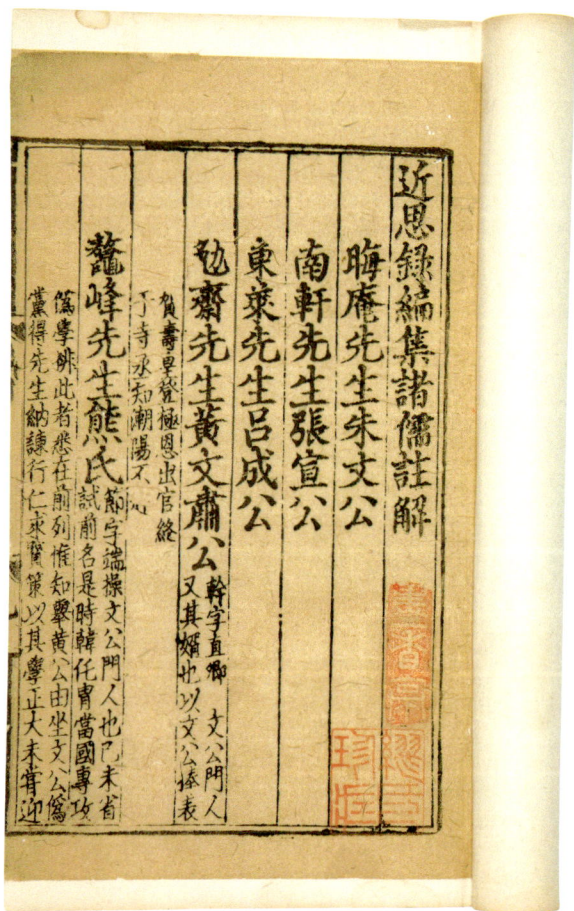

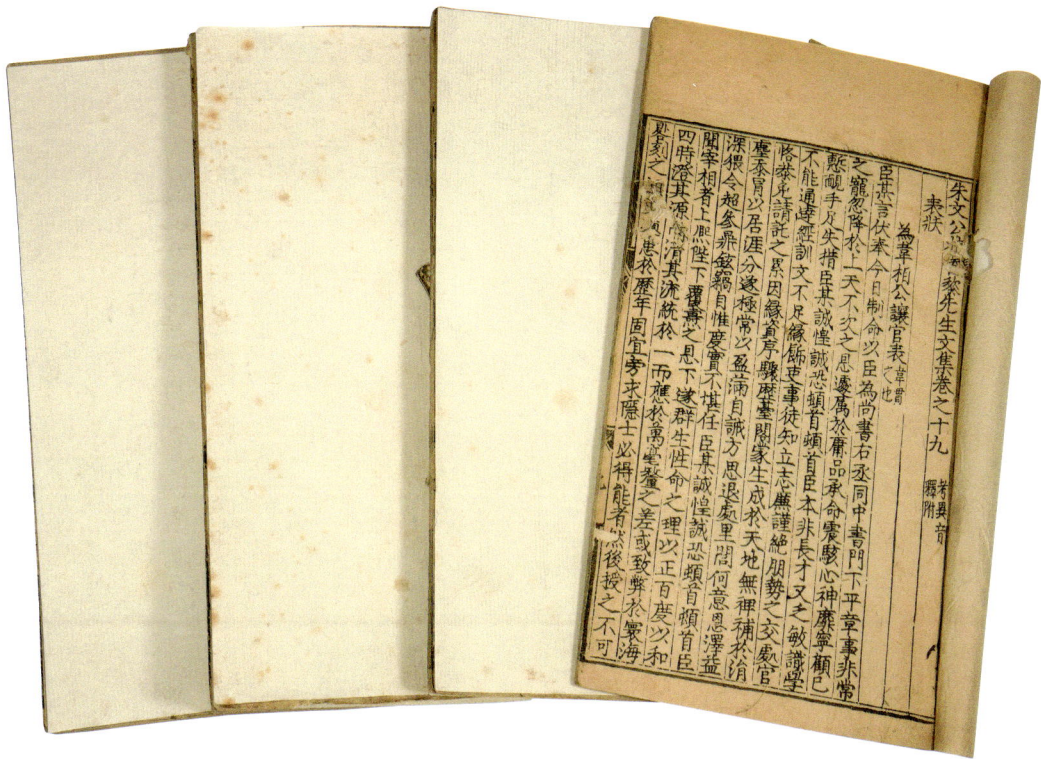

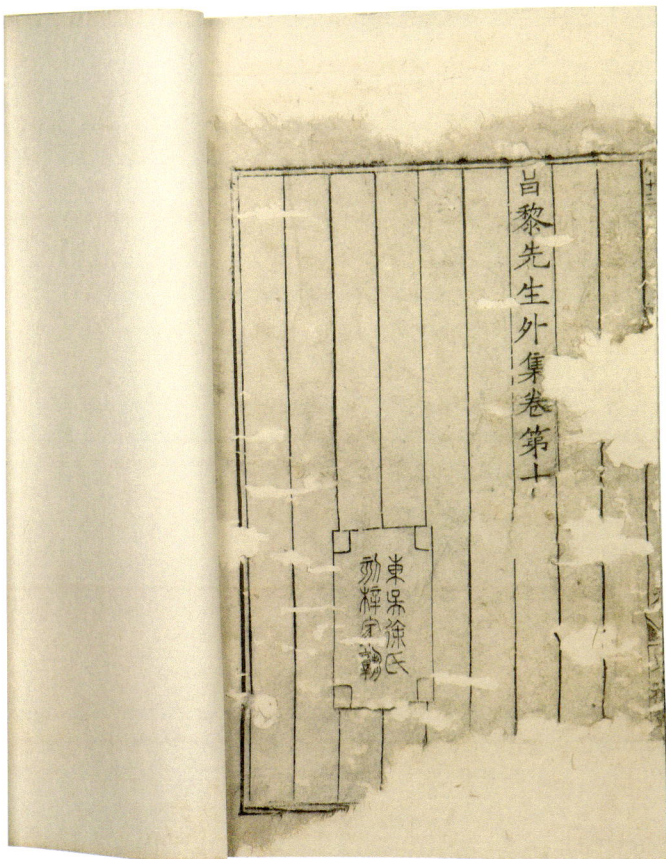

元版《朱文公校昌黎先生集》
Collected Works of Han Yu of Tang Dynasty edited by Zhu Xi of Song Dynasty, Yuan Dynasty

开本：长 24.7cm　宽 14.4cm

　　该书纸本、线装，现存 9 卷，属集部类著作，元代版本，曾经宋代朱熹校核，为唐代文学家韩愈（字昌黎）的文集。为孔府旧藏，现藏曲阜市文物局孔府文物档案馆。

《文集》单册
A single volume of the Collected Works of Han Yu of Tang Dynasty

元刻本《周易经传集解》

Block-printed edition of Explanations of
Various Scholars on the Book of Changes
(Zhou Yi), Yuan Dynasty

开本：长28cm　宽17cm

　　书刻于元泰定五年（1328年），为
元代鄱阳人董真卿编撰的集解，重点收
录了宋代程颐、朱熹关于《周易》的撰
疏。为孔府旧藏，今存曲阜市文物局孔
府文物档案馆。

《周易经传集解》单册

A single volume of the Explanations of
Various Scholars on the Book of Changes
(Zhou Yi)

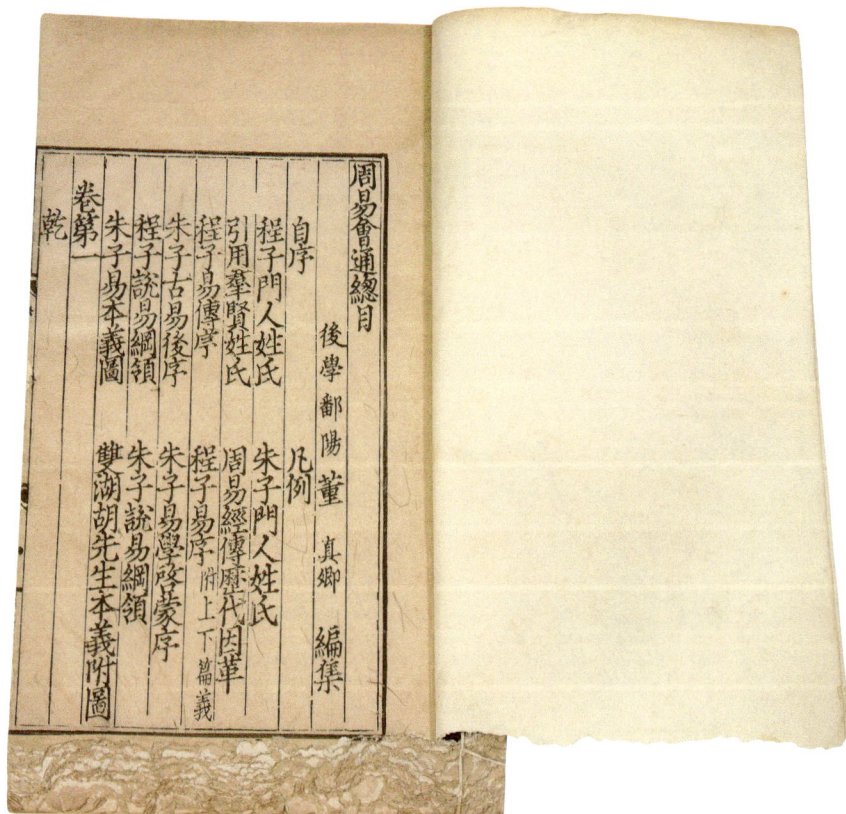

佛 教 文 物

BUDDHIST RELICS

北魏永兴二年桥形座铜立佛造像

Standing bronze Buddha statue on a bridge-shaped support,
second year of Yongxing period of Northern Wei Dynasty

通高 18.7cm 宽 8.3cm

　　一佛二菩萨三尊立像。主尊像双目微闭，嘴角微翘，表情温文尔雅，使人感到可亲可敬。佛床刻发愿铭文："永兴二年三月一日，佛弟子马禄为身造像一躯□供之"，北魏永兴二年即公元 410 年。佛像现藏邹城市博物馆。

造像题记
Inscription on the statue

北魏太延五年赵忠青石佛造像
Blue stone Buddha statue of Zhao Zhong, fifth year of Taiyan period of Northern Wei Dynasty
高 28.8cm　宽 13.85cm

　　青石质地，高浮雕，像为坐式，头挽发髻，束腰，右掌齐肩高举，左手持环状法器，双膝盘坐于宝座上，碑状背光。石造像现存济宁市博物馆，太白楼旧藏，其背面刻铭云"大魏太延五年己卯，佛弟子赵忠为易军途困难，许造像一躯，永奉存祀，四月三日造"，太延五年即公元439年。

造像背部铭文　Inscription on the back of the statue

TREASURES OF CULTURAL RELICS IN JINING

1

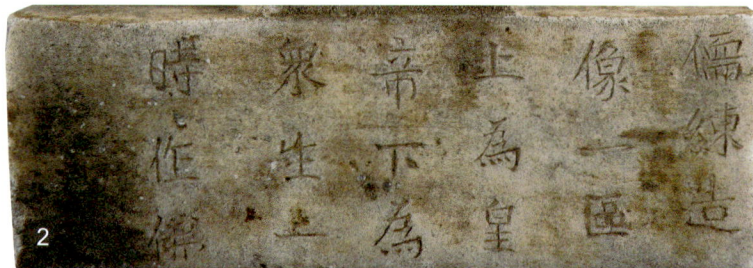

2

3

1.北齐武平二年儒练汉白玉石刻造像

White marble sculpture statue of Rulian, second year of Wuping period of Northern Qi Dynasty

长 16cm　高 29.7cm　宽 17.8cm　底座宽 8.2cm

　　汉白玉质，高浮雕，佛像居于中央覆盆式莲花宝座，头戴金色宝冠，上穿描金披巾，下着长裙，袒胸，垂肩，桃形背光。背光上端左、右设日、月光佛，两旁童子像各立于左、右。座上镂铭文 32 字，文曰：

　　"武平二年四月八日，万岁寺比丘尼儒练造像一区，上为皇帝，下为众生，一时作佛"。武平二年为北齐年号，即公元 571 年。佛像为太白楼旧藏，现存济宁市博物馆。

2.造像题记之一　Inscription on the statue

3.造像题记之二　Inscription on the statue

唐咸亨四年路瓒仁青石阿弥陀造像

Blue stone Amita statue of Lu Zanren, the fourth year of Xianheng period of the Tang Dynasty

通高 27.4cm　底座长 14.9cm　宽 11.3cm

　　青石质地，高浮雕，正面上刻佛像三尊，中佛盘膝端坐于莲花宝座上，桃形背光，左右菩萨佛像各一，站式，立于仰视莲花座上，下部长方形，金刚宝座正面中央设一金刚罗汉，两旁各一蹲式兽相向对称，座两侧和碑身周边均饰波罗密文图案。铭文是"大唐咸亨四年十月三十日，佛弟子路瓒仁为三兄敬造阿弥陀像一区。上为皇帝陛下，下及七世父母，又为一切法众众生俱登彼岸。侄女胡女三人，妻薛女绫果，侄女太妃仁人；文端男仁揩，男仁□，男仁裕；男玄寿；男行感，男行贞，侄玄则，侄九思，弟妻陈供养"。唐咸亨四年即公元673年。石造像为太白楼旧藏，现藏济宁市博物馆。

造像背部铭文

Inscription on the back of the statue

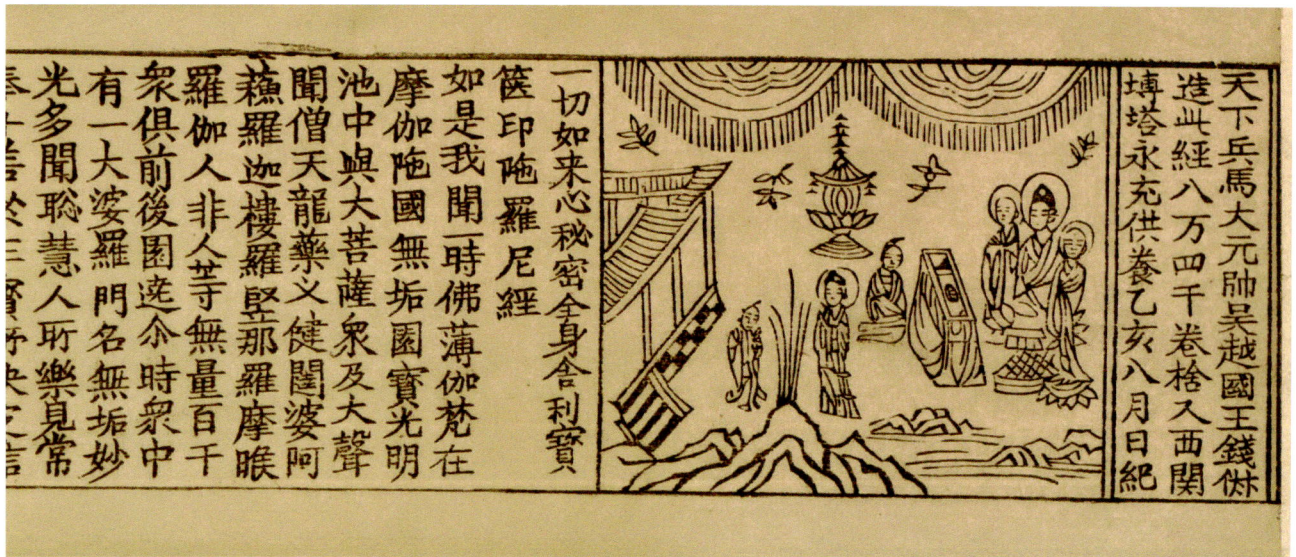

北宋雕版印刷纸质宝箧（qiè）印陀罗尼经卷
Dharani scriptures with casket seal on the engraving printing paper, Northern Song Dynasty
长 495cm 宽 14.8cm

　　经卷用小竹签做轴心，卷成花爆状，裹以黄绢经袱，再用锦带束腰，经卷用棉质印成，纸表细腻坚滑。该经属佛经，雕版刊印的年代为北宋乙亥(975年)，据考为杭州雷峰塔内的遗物。雷峰塔为五代末年吴越王钱俶为妃子黄氏所建，建成后，人们在塔的砖隙之中塞进上千件佛经。1924年9月25日雷峰塔倒塌，塔中遗物流散四方。该经即征集而得，现收藏于济宁市博物馆。

经卷题跋
Preface of the scriptures

宝相寺塔宫文物　Cultural relics of Tagong Pagoda, Baoxiang Temple

　　汶上宝相寺砖塔为1977年公布的省级文物保护单位。1994年维修时，于3月15日发现并清理了塔宫，出土了一批佛教文物，佛牙、菩萨、石匣、玻璃净瓶、银椁、银棺等7件被定为一级文物，得到了妥善保护。尤为重要的是这批文物有确切的入葬日期，即北宋政和二年（1112年）阴历三月十五日，尚有石匣铭文记叙的佛牙舍利来源及躬迎经过。铭记中还说明我们称谓的宝相寺塔原名叫"太子灵踪塔"。塔宫南壁、西壁铭文曰："任城左荣义、荣世、中都束德孺同送葬佛牙舍利，时政和二年三月十五日"。以上资料表明，汶上塔宫出土文物对我国思想史、佛教史的研究具有十分重要的价值。

1. 宋东府佛牙舍利　Tooth relic of the Buddha at the East Mansion, Song Dynasty

   长 6.908cm

   　　佛牙色黄白，璞玉泽，质如蜡，形微曲，具三只牙根，牙体有墨书"东府"二字。舍利有三种颜色，白色骨舍利，黑色发舍利，赤色血肉舍利，舍利形态各异。

2. 宋分格佛舍利银椁　Silver outer coffin with Buddhist relics partitioned with a wooden box, Song Dynasty

   长 16cm　高 4cm　前宽 6cm　后宽 5cm

   　　银质，有盖、体组成，素面，银封箍，分前后两室，原以木匣分割，前盛佛牙，后储舍利。

3. 宋葫芦形水晶舍利瓶　Calabash-shaped crystal bottle with Buddhist relics, Song Dynasty

   通高 9.245cm　腹径 3.355cm

   　　水晶质，通体透明，为葫芦状，分盖、体两部分，出土时内盛舍利。

4. 宋火云冠金箔银棺

   Gold foil silver coffin with fire-cloud crest, Song Dynasty

   长 26cm　高 28cm　宽 8.4cm

   　　金棺为银质，贴金箔，安放在银质须弥座上。棺盖为五棱体，套两道金箍，前档有錾花火云冠。

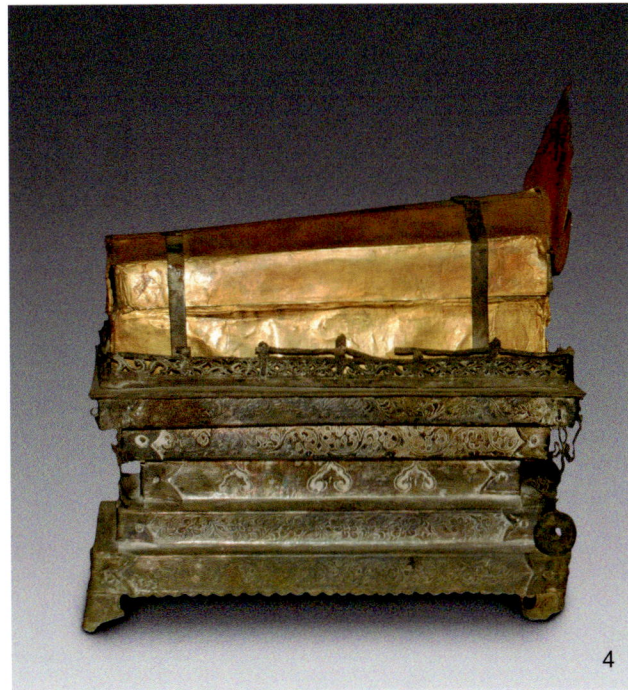

宋立式背光莲花座引路菩萨
Standing Buddha, guide of souls, on a back-
lighted lotus seat, Song Dynasty
高 15cm
　　铜像自铭 "引路菩萨" 四字

菩萨局部
Partial portrait of the Buddha

宋帽形盖蓝釉玻璃净瓶
Blue glaze glass wash bottle with hat-shaped cap, Song Dynasty
高 8.304cm　腹径 3.989cm

宋元丰四年佛舍利石匣
Stone box with Buddhist relics, fourth year of Yuanfeng period of the
Song Dynasty
长 61.50cm　宽 47.70cm　高 45.50cm

　　石匣铭文：郓州中都县郭内赵世昌，先于熙宁六年二月二十三日躬诣京师，于嘉王宫亲事官孙政处，求得佛牙一肢、舍利数百颗。今以自备及有施主将到者，以金为棺，以银为椁，以石为匣，非不勤意也。是以葬于当县宝相寺太子灵踪之塔。时大宋元丰四年二月二十八日，刻记于此。

　　纠首赵世昌，妻王氏，前妻李氏男进士中，妻程氏，女大娘出适进士张玮，次女三娘，孙男希伟。

　　同修塔僧永实。主持院主僧永坚，副功德主僧云太，都管勾赐紫僧知柔。

兴隆塔塔宫文物 Cultural relics from the Tagong Pagoda of Xinglong Pagoda

　　兖州兴隆塔是1977年被公布的省级文物保护单位，2008年8月维修时，塔宫内出土了一批佛教圣物，其中石函、纪事碑、银棺、金瓶四件被确定为一级文物。尤其重要的是，纪事碑揭示了释迦顶骨舍利的来源传承及供养过程，至为珍贵。也说明兴隆塔始建于北宋嘉祐八年（1063），其所在的宋代寺院名为龙兴寺，出土文物现藏兖州市博物馆。

宋盝顶菩萨缠枝牡丹青石函 Flat top blue stone letter with Buddha in pony, Song Dynasty

长85cm　宽47.5cm　高108.5cm

　　青石雕凿，由石盖、石函、底座组成，石盖为盝顶式，底座分为仰莲花和覆莲花两部分。

石函纹饰 Texture of the stone letter

宋嘉祐八年龙兴寺释迦顶骨舍利安葬纪事青石碑　Blue stone stele with Sakya parietal bone relics burial record at Longxing Temple, eighth year of Jiayou period, Song Dynasty

石碑高75cm　横宽86cm　长方形，碑文楷书。

碑文

中书门下　牒（兖州）

兖州奏：当州昨准中书札子兖州奏。据龙兴寺泗洲院：西天于阗国帘前赐紫、光正大师法藏状称，先于开宝三年，自离于阗本处，亲往西天取得释迦形像、世尊金顶骨真身舍利、菩提树叶及进奉本处白玉三百九十斤、细马三匹。寻蒙圣恩，帘前赐紫及师号，回宣御马两匹、闹牡金鞍辔，驿劝请俸。自后乞于国内巡礼圣境，奉宣云游西川至峨嵋、代州五台山、泗洲，逐处斋僧一万人，各送金阑袈裟一条。相次云游，在兖州住寄岁久，恋皇帝化风，不归本处。至今年老，切缘先从西天将到世尊金顶骨真身舍利、菩提树叶，见今在院。有小师怀秀，造下功德佛像数尊。今欲乞岱岳□回銮驿，乞赐名额，安置住持及教化十方，兴造宝塔，安葬于阗国光正大师从西天取得世尊金顶骨真身舍利，自后又为年老无力起塔。至嘉祐八年癸卯岁，将上件功德舍利付与当寺大悲院主讲经僧法语，起塔供养。

华严院管内僧正讲经论赐紫沙门行深延，圣院主僧判赐紫沙门可昱，供养主僧应奉，当寺上生院主传大乘戒讲经论沙门惠旻，慈氏院主道忠，东罗汉院主明安，南观音院主惠嵩，千佛院主官□白僧行因，寄住僧重谨，东律院主僧海湛，水陆院主法宝，次院主清琼，文殊院主僧□□次院主智宝，讲经论沙门智全，讲经论沙门智让，三圣院主行超，观音院主僧惠广，东弥勒院主僧行忠炽，盛光院主僧智纯，七祖院主僧永普，孔雀院主僧重茂，因明院主讲经论沙门省勤，次院主讲经论沙门福秀，西罗汉院主僧守政，次院主讲经论沙门常□，小师讲经沙门智深，释迦院主智如，天王院主僧契真，寺维郍僧超玉，多宝院主僧□真，净土院主讲经沙门惠灯，西弥勒院主僧智海，东京等觉禅院赐紫僧守祥，经藏院主僧普勤，泗州院主讲经沙门惠信，三学院主僧守远，经藏院僧庆遇；

助缘修塔维郍众，王有道妻周氏，王用妻耿氏，李成妻徐氏，李式妻葛氏，李昌妻苗氏；县君杜氏、元氏、孙氏，仇长发，孟辛，奉符县郭下贾升妻卓氏，男弼、次男徽，戴朝宗母亲李氏，王简妻丁氏，山阴村阴清母马氏、高氏、赵氏；重光寺泗洲院主尼志真、志全，无量寿院尼法坚，精妙寺地藏院主尼志演，小师惠清、惠喜、义达，重光寺观音院主尼守遇、守荣、守兴，龚丘县梁村施石匣人、校书伊存；张雅妻申氏，申殿直妻牛氏，陈悦妻张氏。

大悲院主修塔功德主、讲经沙门法语，小师洪才、洪江、洪润、洪泰、洪道。

修塔匠人段怀、女婿王凉小，博士张温、罗思，单州荡山县砖瓦匠人黄整、黄倩，鱼台县李凝，龚丘县赵演，名州肥乡县浩贵，助缘教化行者　洪亮。

怀州僧德和书佑石匠人庞演刊　塑匠人郝辛

大宋弟五叶嘉祐八年癸卯岁十月六日安葬舍利金瓶一两

1. 宋模印释迦牟尼涅槃（niè pán）
   银鎏金舍利棺
   Pressing back Sakyamuni nirvana silver gilding Buddha
   relics coffin

   长 49.5cm　宽 20cm　高 49.5cm

   　银制棺，表面鎏金，棺盖前端有云形棺帽，刻佛陀与
   两尊跪菩萨像，棺后档刻菩萨形象。

2. 舍利棺侧面之一
   Profile 1 of the Buddha relics coffin

3. 舍利棺侧面之二
   Profile 2 of the Buddha relics coffin

4. 舍利棺前额
   Front of the Buddha relics coffin

5. 宋菩萨盖瓜棱金瓶
   Gold bottle with Buddha-shaped cap, Song Dynasty

   高 12.8　腹围 14.1cm

   　盖锥塑佛像，瓶身细长，直口，细长颈，颈部有一
   周突棱，溜肩，圆鼓腹，下腹斜收，平底，腹部六瓜棱形。

其 他 类

OTHERS

TREASURES OF CULTURAL RELICS IN JINING

王因遗址骨器

Bone object at the site of Wangying

　　1975-1976年王因遗址出土，现藏兖州市博物馆。

1. 大汶口文化骨针　Bone needle, Dawenkou Culture period

　　长 5.7cm

　　由骨料磨制而成，器身短而细小，穿孔一，通体光亮，针尖锐利。

2. 大汶口文化骨针　Bone needle, Dawenkou Culture period

　　长 6.1cm

　　由骨料磨制而成，器身短而细小，穿孔一，针尖锐利。

3. 大汶口文化骨针　Bone needle, Dawenkou Culture period

　　长 4.9cm

　　由骨料磨制而成，器身短而细小，穿孔一，针尖锐利。

4. 大汶口文化骨针　Bone needle, Dawenkou Culture period

　　长 3.7cm

　　由骨料磨制而成，器身短而细小，穿孔一，通体光亮，针尖锐利。

5. 北辛文化长圆柄椭圆形骨笄　Oval hairpin with a long round handle, Beixin Culture period

　　长 15.8cm

　　由骨料刮削、磨制而成，笄柄为细长圆锥状，顶端为椭圆形匙状。笄即古人用的簪子，用作挽发。

6. 大汶口文化骨梭　Bone shuttle, Dawenkou Culture period

　　长 10.7cm

　　由骨料刮削、磨制而成，器形似柳叶状，一面平整，一面有凹槽，穿孔一，两侧中部刻有五道凹槽，表面光亮。

春秋书刻工具 Sculpting tools, Spring and Autumn Period

锛2件，分别长10.9cm，8.7cm；斧4cm；凿分别长12.4cm，15.3cm，16.8cm，21.8cm；削长者30cm，最短者13cm；最长刀14.4cm；针27.5cm，钻14.3cm；磨石30cm，锯18cm。

　　济宁市博物馆收藏的书刻工具即古人使用的配套文具。这套文具于1978年12月出土于薛国故城的2号墓，据墓中出土文物证实，墓主人当为春秋时期的薛国国君，工具则为这位墓主人的生前使用器，经国家文物鉴定委员会认定，属一级文物。书刻工具共27件，包括锯2件、锛、斧3件、凿4件、铜削7件，刀、针、钻8件，磨石3件。造纸术发明之前，我国古人曾将文字、图表、绘画等符号镌刻在玉石、甲骨、竹简、木牍上，铸造在铜器上，书写在陶器、布帛、皮革、墙壁简牍上。诸多的书写材料尤以竹木、布帛为佳，易得易藏，而又以木牍（俗称木板）、竹简最为廉价，并得以普及。济宁市博物馆收藏的书刻工具就是当代文人所说的"文房之宝"，文献中所云之"刀笔"。配套中的锛、凿、斧、锯主要用于竹木简牍的成型加工，磨石用于竹木简牍的表面打磨，刀、削、针、钻则用于刻字、剔字，或用于简牍文字中的细部加工。看到这套工具，我们仿佛看到了两千多年前古人使用这套工具书写简牍的写真景象。

1. 书刻工具1 春秋青铜长方形銎（qióng）穿孔扁刃锛、长方形銎穿孔扁刃斧

   Sculpting tool 1 Bronze short axe with a rectangular hole, and flat axe with a rectangular hole, Spring and Autumn Period

   　　锛，长方形銎，单刃，刃略弧，刃上部有二道凹漕，銎部有穿孔，其中一侧有一环钮。

2. 书刻工具2 春秋青铜方銎穿孔凿

   Sculpting tool 2 Bronze chisel with a square hole, Spring and Autumn Period

   　　Ⅰ式二件，长条状，体呈单斜面柱状，上宽下窄，腰略束，单面刃，刃部略呈弧形。銎部有一穿孔。Ⅱ式二件，体扁平，中部内凹，单面刃，长方形銎，銎部有一周突棱，突棱下有三角形穿，方銎，銎部有一穿孔。

3. 书刻工具3 春秋青铜单刃削

   Sculpting tool 3 Bronze cutter with a single edge, Spring and Autumn Period

   　　Ⅰ式三件，内弧刃，后背略弓，斜锋，扁圆柄，椭圆形环首；Ⅱ式二件，直刃，直柄，环首圆形；Ⅲ二件，直背外弧刃，片状柄，长方形柄首。

4. 书刻工具4 春秋青铜方刃刀、针、钻

   Sculpting tool 4 Bronze square edge knife, needle, and probe, Spring and Autumn Period

   　　针：体细长，球形帽，圆柄，三棱装尖峰。

5. 书刻工具5 春秋青铜双面齿锯

   Sculpting tool 5 Double-edged bronze rack saw, Spring and Autumn Period

   　　长方形薄片状，两侧边都有锯齿，一边为斜齿，一边为正齿，一侧边有斜齿。

6. 书刻工具6 春秋石质磨石

   Sculpting tool 6 Stone abrader, Spring and Autumn Period

   　　砂岩，长条形，双面有磨痕。

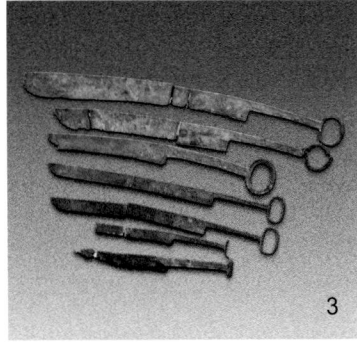
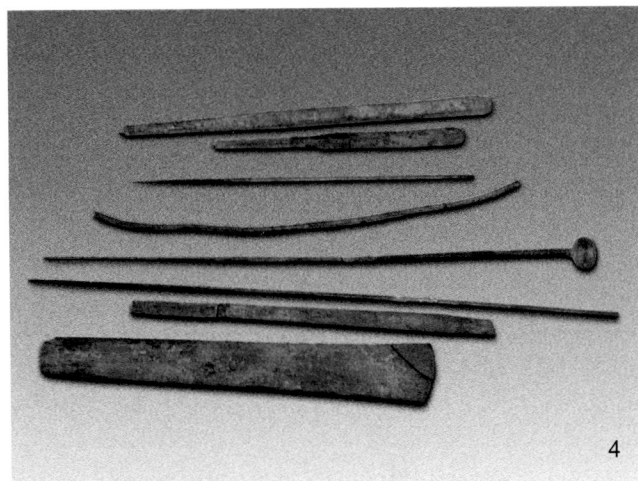

春秋鹿角铜鸟兽首饰

Ornaments with deer horns and bronze birds and beasts, Spring and Autumn Period

通高 48.9cm

　　一鹿角分枝权，其中一枝权顶端套置兽首，其余四枝权顶端套置铜铸鸟形饰。1978年
12月薛国故城5号墓出土，现藏济宁市博物馆。

战国兽形银带钩

Animal-shaped silver cord hook, Warring
States Period

长 15.9cm　宽 2.5cm

　　器狭长，银质，呈琵琶形。兽首状
钩，钩身凸起的两道细棱使器身呈瓦
纹状弧形内凹，尾端刻饰卷角兽面纹，
钩背有一钉状钮。曲阜鲁国故城遗址
52 号墓出土，现藏曲阜市文物局孔府
文物档案馆。

兽形银带钩侧面

Profile of the animal-shaped silver cord
hook

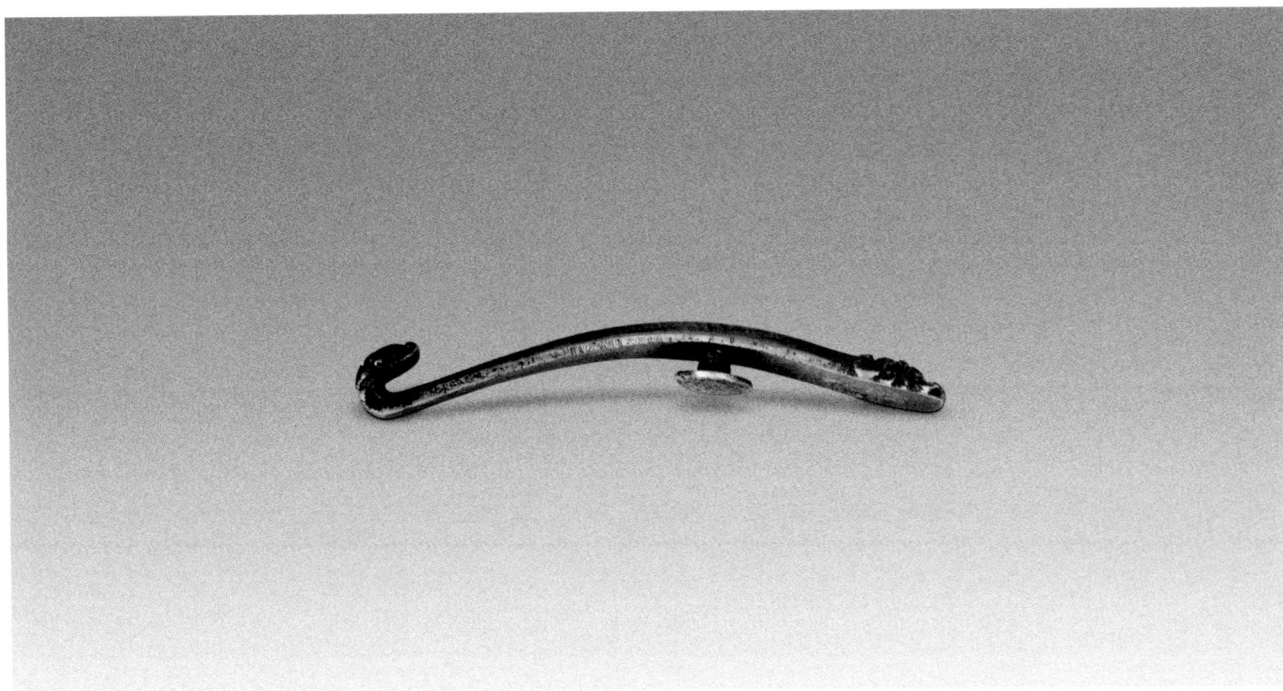

战国镶金银质猿形带钩　Silver ape-shaped belt hook with gold embedment, Warring States Period

长 16.6cm　宽 7.0cm

　　器作猿形，银质。猿侧身前视，作攀援跃进状，双目嵌蓝色料珠，通体鎏金，钩背有一钉状钮。带钩于 1978 年出土于鲁国故城遗址 3 号墓，时代为战国（公元前 475 — 前 221）。带钩所设计的长臂猿，形象生动，令人叹为观止。器物制作所采用的嵌金技术已在东周鲁国工艺制作中广泛使用，出土文物已证实。带钩现藏曲阜市文物局孔府文物档案馆。

战国蟠虺纹圆形金饰　Round gold ornaments with snake textures

直径 6.7cm　厚 0.11cm

　　圆形金器，共九件，大小、纹饰均相同。金胎包金衣，面微鼓，背面呈浅碟状。器面中心饰涡纹，周饰缠绕相交的蟠虺纹，边缘两侧有相对的双穿；背面光素无纹。曲阜鲁国故城遗址 52 号墓出土，现藏曲阜市文物局孔府文物档案馆。

252

1

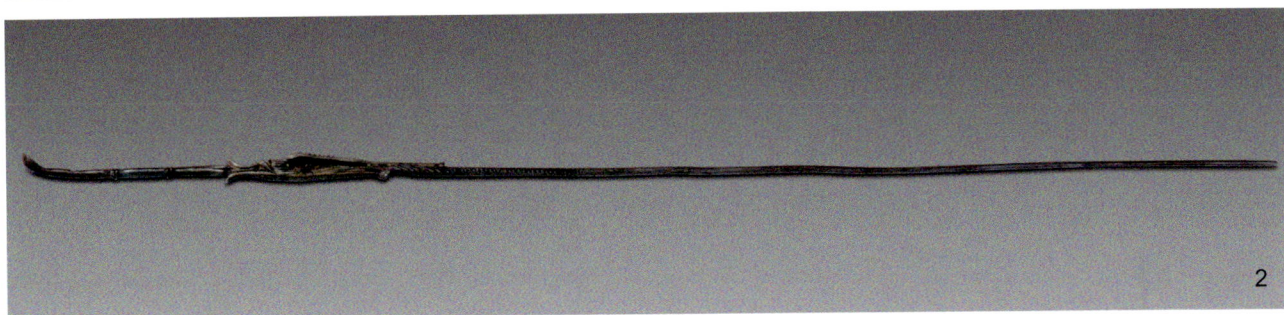

2

3

1. **西晋骨尺**　Bone ruler, Western Jin Dynasty

长18.2cm　宽1.7cm　厚0.1cm

　　骨片磨制而成。长条形，光面刻尺度。分刻十等分，每分为一寸。寸2.4厘米，每寸间有七个小圆点，并以三个圆圈分隔，在中间五寸刻五个圆圈。出土时已残为两段，仅存七寸。邹城市郭里镇独山村刘宝墓出土，现藏邹城市博物馆。

2. **西晋龙首银挖耳簪**　Dragon-headed silver hairpin, Western Jin Dynasty

长25.3cm

　　银制，细长杆，前为龙首，口中衔竹节状耳勺，工艺制作精细。邹城市郭里镇独山村刘宝墓出土，现藏邹城市博物馆。

3. 挖耳簪局部　Partial profile of the silver hairpin

西晋石质围棋子及陶盒

Stone go chess pieces and pottery box, Western Jin Dynasty

棋子直径1.0—1.5cm 厚0.2—0.5cm

　　棋子盛放在一圆形陶盒内，用黑白两种自然石子磨制而成，有椭圆形、圆形和不规则形。陶盒直口深腹平底。邹城市郭里镇独山村刘宝墓出土，现藏邹城市博物馆。

"大明宣德年制"款剔红印盒

Carved lacquer seal box with the pattern of "Produced during the Xuande period of the Ming Dynasty"

高 4.5cm　直径 11.5cm

　　器木胎，呈圆形，子母口。盒盖剔红雕饰芙蓉花，间饰花叶，盒身周饰剔红芙蓉花纹。盒内壁光素，髹褚红色漆。盒外底部光素，髹褚红色漆，一侧竖行楷书铭文"大明宣德年制"。孔府旧藏，现藏曲阜市文物局孔府文物档案馆。

明牡丹纹剔红漆盒

Carved lacquer box with pony patterns, Ming Dynasty

高 6.5cm 直径 15cm

　　器木胎，呈扁圆筒形，子母口。盒盖剔红雕盛开的牡丹花纹，盒外壁剔红雕形态各异的牡丹花纹；盒内壁、外底部均光素，髹棕色漆。孔府旧藏，现藏曲阜市文物局孔府文物档案馆。

宋楷木雕孔子夫人像
Chinese pistache wood carved portrait of Confucius'wife, Song Dynasty
宽 14.5cm 厚 13.5cm 高 41cm

　　楷木雕人物坐像，通体黑褐色。雕人物头梳高髻，大耳，大鼻，眼珠突出，长裙宽袖，双手拢于袖内，从发髻至胸部有一圆穿孔。浙江省转交，现藏曲阜市文物局孔府文物档案馆。

宋楷木雕孔子像

Chinese pistache wood carved portrait of Confucius, Song Dynasty

宽14cm 厚12.5cm 高37.7cm

　　楷木雕人物坐像，通体黑褐色。雕人物头戴便帽，大耳，大鼻，眼珠突出，三绺长须。长袍大袖，双手相握于胸前。浙江省转交，现藏曲阜市文物局孔府文物档案馆。

1.明竹雕"竹林七贤"图笔筒

Brush pot with bamboo carved
"Seven Sages in the Bamboo
Forest", Ming Dynasty

通高15cm 口径13.2cm

　　器呈圆筒状，竹质。浮
雕或镂雕松、竹、石和人物
等纹饰。笔筒所刻人物可辨
者十三人，其中有"竹林七
贤"及童子数人。孔府旧藏，
现藏曲阜市文物局孔府文物
档案馆。

2. 笔筒局部

Partial profile of the brush pot

3. 笔筒局部

Partial profile of the brush pot

←明竹雕"百寿图"摆件

Decorative article with bamboo carved "Scroll consisting of a hundred forms of the Chinese character for longevity", Ming Dynasty

长 15.1cm 宽 14.5cm 高 38.2cm

器竹质,呈不规则柱状,黄褐色,高浮雕或镂空雕山崖、树木、楼阁、人物等。摆件为孔府传世品,其上除雕有山崖、树木、楼阁外,尚雕刻人物107人,其中老翁99人,童子8人,栩栩如生,憨态可掬,堪称艺术珍品。今藏曲阜市文物局孔府文物档案馆。

摆件局部之一
Partial profile of the decorative article 1

摆件局部之二
Partial profile of the decorative article 2

明竹雕"万象回春"图摆件

Bamboo carved decorative article with the pattern of "All manifestations of the spring", Ming Dynasty

长 14cm　宽 14.5cm　高 30cm

　　器竹质，采用立体圆雕、浮雕、透雕等技法。所雕大象身高体大，长牙长卷鼻，大耳，口微张，眼半睁，回首卷尾，足趾清晰，通体饰回旋纹。象背上雕两人双手捧抬盆栽万年青。孔府旧藏，现藏曲阜市文物局孔府文物档案馆。

明竹雕"竹林七贤"图香薰摆件
Aroma decorative article with bamboo-carved "Seven Sages in the Bamboo Forest", Ming Dynasty
高21cm　直径5.5cm
　　器竹质，圆筒形。采用透雕、浮雕、平刻、留青等多种技法雕成。刻画内容为晋代"竹林七贤"的故事。孔府旧藏，现藏曲阜市文物局孔府文物档案馆。

明竹雕荷蟹摆件

Decorative article with bamboo carved lotus and crab, Ming Dynasty

通长 13.5cm 通宽 7.5cm 通高 7cm

　　器竹质,镂雕一片翻卷欲枯的荷叶,包裹着一朵盛开的荷花、
一束水草、一片小荷叶、一支含苞待放的荷花,一只螃蟹张钳立
于小荷叶上。翻卷的荷叶边上栖着二只小鸟,底部还藏着两只相
向的青蛙。底座木质,髹黑漆。孔府旧藏,现藏曲阜市文物局孔
府文物档案馆。

→摆件分体

Pieces of decorative article

明竹雕人物山景图摆件

Decorative article with bamboo carved figure and mountain view, Ming Dynasty

宽13.5cm 厚12.5cm 高19.5cm

　　器竹质，为不规则圆形立体摆件，黄褐色。根据竹根的天然形态，高浮雕或镂空雕树木、山崖、人物等。摆件为孔府旧藏，现藏曲阜市文物局孔府文物档案馆。

摆件局部
Partial profile of the decorative article

明"大吉"掐丝珐琅（fǎ láng）葫芦瓶

Cloisonne enamel calabash bottle with the characters symbolizing high auspiciousness, Ming Dynasty

这对葫芦瓶：通高 41cm　口径 48cm　腹径 19.5cm　座径 17.6cm

　　葫芦形，紫铜胎，通体掐丝勾线填彩釉为纹。一条铜饰带把葫芦分为上、下两节，上节饰暗八仙纹，间饰朵云纹，下节饰八吉祥纹，间饰朵云纹，瓶面中间镀金楷书"大吉"二字。器座与器为一体，浮雕"福寿如意"纹，座下五组如意云头形足。珐琅分掐丝珐琅、錾胎珐琅、透明珐琅、画珐琅四种。济宁列为一级文物的均为掐丝珐琅。珐琅为元代由大食国传入的工艺品种，不久即中国化，并在原有技术上有所创新。清代宫廷所称的掐丝珐琅，民间俗称景泰蓝。这类工艺品一般为铜胎，其他金属胎较少，外掐金丝或铜丝组成图案，涂以瓷料后烧造打磨而成。这对葫芦瓶为孔府旧藏，现藏曲阜市文物局孔府文物档案馆。

明万历缠枝宝相花掐丝珐琅长方盘
Rectangular cloisonne enamel plate with flower patterns,
Wanli period of the Ming Dynasty

长 57.7cm 宽 39cm 高 8.2cm

　　器呈长方形，紫铜胎，掐丝勾线填彩釉为纹。
器底内壁满饰缠枝宝相花纹，中间为两条对舞夔龙
纹，正中圆形双框内为"寿"字纹，上下两侧对应
半圆形框内为"八吉祥"纹饰。器内立壁饰"八宝"
纹，器外壁满饰缠枝宝相花纹。孔府旧藏，现藏曲
阜市文物局孔府文物档案馆。

盘内纹饰
Interior ornamentation of the plate

明蕃莲纹掐丝珐琅高足盂

Cloisonne enamel stem cup with lotus patterns, Ming Dynasty

通高16.3cm　口径19.6cm　足径11cm　座径14.4cm

　　侈口，浅腹，喇叭形高圈足。带座，紫铜胎，掐丝勾线填彩釉为纹。孔府旧藏，现藏曲阜市文物局孔府文物档案馆。

明缠枝宝相花掐丝珐琅鹤足炉

Cloisonne enamel crane foot-shaped burner with flower patterns, Ming Dynasty

通高 63.3cm　口径 26cm　腹径 34.5cm　足高 28.7cm

　　直口、平唇，束颈丰肩，腹下敛，圆底，雕回首双夔龙耳，三鹤足。紫铜胎，掐丝勾线填彩釉为纹。孔府旧藏，现藏曲阜市文物局孔府文物档案馆。

珐琅鹤足炉局部

Partial profile of enamel crane foot-shaped burner

明缠枝宝相花雕龙耳掐丝珐琅香炉

Incense burner with carved ears with flower patterns,
Ming Dynasty

通高 64.3cm　口径 25.9cm　腹径 36cm　足高 23.3cm

　　直口平唇，束颈丰肩，腹部下敛，圜底，雕回首
双夔龙耳，三象鼻足。紫铜胎，掐丝勾线填彩釉为纹。
孔府旧藏，现藏曲阜市文物局孔府文物档案馆。

珐琅香炉局部
Partial profile of enamel incense burner

明兽面纹掐丝珐琅香炉
Cloisonne enamel incense burner with animal face patterns, Ming Dynasty

通高 44.8cm　宽 13.5cm　座长 22.6cm
宽 17.6cm

　　器呈长方形，平口、出沿，立耳，直腹，平底，兽首吞足式四足，腹及四角皆有扉棱，带盖。紫铜胎，掐丝勾线填彩釉为纹。孔府旧藏，现藏曲阜市文物局孔府文物档案馆。

香炉盖饰
Cover ornament of incense burner

明兽面纹掐丝珐琅烛台

Cloisonne enamel candlestick with animal face patterns, Ming Dynasty

通高 55.5cm　座边长 14cm

　　双盘连座式，盘、柱、座为方形，四角皆有扉棱。紫铜胎，掐丝勾线填彩釉为纹。孔府旧藏，现藏曲阜市文物局孔府文物档案馆。

明兽面纹掐丝珐琅尊
Cloisonne enamel wine glass with animal face patterns, Ming Dynasty

通高 42.1cm　口边长 18cm　底边长 14cm　座边长 13.8cm

　　长方形，喇叭口，腹微鼓，方圈足外撇，四角皆有扉棱。紫铜胎，掐丝勾线填彩釉为纹。孔府旧藏，现藏曲阜市文物局孔府文物档案馆。

清雍正黄地彩绘缠枝牡丹纹铜胎画珐琅香炉

Painted enamel bronze incense burner with flower patterns and pony texture, Yongzheng period of the Qing Dynasty

通高70cm 口径36cm 足高24.5cm

　　直口，束颈，圆腹，双立耳，圜底，三兽蹄足，下接三圆柱形铜足。紫铜胎，通体以黄釉为地，珐琅彩绘缠枝花纹。器外底中间方框内竖行蓝色楷书"雍正年制"款。孔府旧藏，现藏曲阜市文物局孔府文物档案馆。

炉底落款

Inscription at the bottom of the burner

清雍正黄地彩绘缠枝牡丹纹铜胎画珐琅烛台
Painted enamel bronze candlestick with flower patterns and
pony texture, Yongzheng period of the Qing Dynasty

通高73cm　上盘径12.9cm　下盘径33cm　底径29.3cm

　　双盘连座式，盘、柱、座均为圆形，圈足外撇，下
接三圆柱形铜足，上盘中立烛插。紫铜胎，以黄釉为地，
珐琅彩绘缠枝花纹，通体饰缠枝牡丹纹、缠枝莲纹。圈
足边沿蓝色双方框内横行红色楷书"雍正年制"款。孔
府旧藏，现藏曲阜市文物局孔府文物档案馆。

烛台底座
Base of the candlestick

清雍正黄地彩绘缠枝牡丹纹铜胎画珐琅尊

Painted enamel bronze wine glass with flower patterns and pony texture, Yongzheng period of the Qing Dynasty

通高 70.5cm 口径 23.7cm 底径 27.3cm

　　喇叭口，双龙形耳，长颈，鼓腹，圈足外撇，下接三圆柱形铜足。紫铜胎，通体以黄釉为地，珐琅彩绘缠枝花纹。圈足边沿蓝色长方双框内横行红色楷书"雍正年制"款。孔府旧藏，现藏曲阜市文物局孔府文物档案馆。

珐琅尊底座

Base of the enamel wine glass

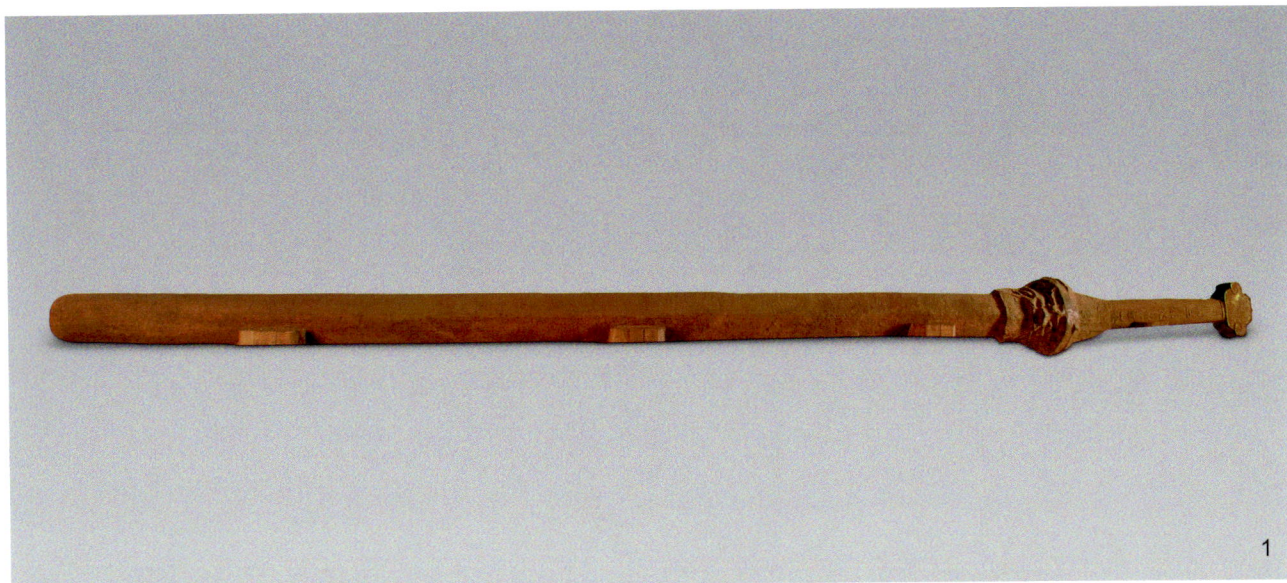

1. **清康熙镇水铁剑** Iron sword for flood suppression, Kangxi period of the Qing Dynasty

　　剑刃为扁菱形，锋尖呈椭圆状，剑格圆形，剑柄近似方形，柄尾铸有穿孔。铁剑现藏兖州市博物馆，于1988年春天发现于兖州城南的泗河河底，长7.5米，重3080斤，取名为"泗河镇水铁剑"，参稽古今资料后而号称天下第一剑。剑的两面均铸有水神睚眦(yá zì)，传说睚眦为龙的儿子之一，性好斗。其上铭文曰："康熙丁酉二月，知兖州府事山阴金一凤置"。铭文说明，铁剑是康熙丁酉(1717)年由兖州知府金一凤铸造，用做镇水。

2. 天下第一剑铭文　Inscriptions on the king of the sword

3. 剑首睚眦图饰
Sword pommel with the portrait of Yazi

明红木书架

Rosewood bookshelf, Ming Dynasty

长 83.5cm　宽 40cm　高 179.5cm

　　架格为长方形，三层，横板隔层，采用明代的最基本形式，最后一层四足间加素牙条、牙头，每格完全空敞，栏杆结构谨严，榫卯紧密。孔府旧藏，现藏曲阜市文物局孔府文物档案馆。

1

2

3

明红木衣架　Rosewood clothes rack, Ming Dynasty

通高167cm　通长214.5cm

　　镂空壶门式横木墩子，墩子植圆立柱，每柱前后用壶瓶式龙纹站牙抵夹，向上出横枨与中牌子，中牌子由三块浮雕荷花、鸳鸯、喜鹊、梅花等图案的绦板组成，横枨、中牌子、底枨与立柱间均有托角牙子，顶为两端出头式搭脑，中牌子浮雕纹饰及搭脑头描金。孔府旧藏，现藏曲阜市文物局孔府文物档案馆。

衣架图案之一　Clothes rack pattern 1

衣架图案之二　Clothes rack pattern 2

明红木扶手椅

Rosewood armchair, Ming Dynasty

通高 100cm

　　全身素混面，为南官帽椅典型样式。椅面冰盘式边抹，搭脑、靠背板、扶手、联帮棍、鹅脖均为曲线形，座下四面均有素牙子，四足圆木，前踏脚枨下有素牙子。孔府旧藏，现藏曲阜市文物局孔府文物档案馆。

清紫檀五屏风大椅
Red sandalwood big chair with five-panel screen
通高115cm

　　藤编软屉椅面，围子五屏风式，后背三扇，两侧扶手各一扇，后背正中一扇，上有卷云式搭脑，左右各扇高度向外递减，都用厚材钻框，后背及左右扶手两面全雕夔龙花纹，座下束腰，鼓腿彭牙，足端内翻卷云状马蹄落在长方形托泥上，座下四周雕云水牙。孔府旧藏，现藏曲阜市文物局孔府文物档案馆。

附：碑刻画像石一级品登记表

Appendix: Grade A Tablet Inscripitions and Stone Carvings

名　称	收藏地	名　称	收藏地
西汉五凤刻石	曲阜	宋太平兴国吕蒙正重修孔庙碑	曲阜
西汉上谷府卿坟坛刻石	曲阜	宋崇宁米芾篆书至圣文宣王赞碑	曲阜
西汉祝其卿坟坛刻石	曲阜	北宋崇宁先师手植桧赞	曲阜
西汉新莽天风三年莱子侯刻石	邹城	金承安党怀英重修孔庙碑	曲阜
东汉永兴孔谦墓碑	曲阜	元大德加封孔子诏书碑	曲阜
东汉永兴乙瑛碑	曲阜	元延祐三年圣诏褒崇孟父孟母封号之碑	邹城
东汉永寿孔君墓碑	曲阜	元元统敕赐曲阜孔庙田宅记碑	曲阜
东汉永寿礼器碑	曲阜	元至正新修颜庙碑铭	曲阜
东汉建宁孔彪墓碑	曲阜	明孟氏宗传祖图碑	邹城
东汉建宁史晨碑	曲阜	西汉安汉里画像石（一）	曲阜
东汉鲁相谒孔子庙碑	曲阜	西汉安汉里画像石（二）	曲阜
东汉延熹孔宙墓碑	曲阜	西汉安汉里画像石（三）	曲阜
东汉孔褒墓碑	曲阜	西汉安汉里画像石（四）	曲阜
东汉熹平残碑	曲阜	西汉安汉里画像石（五）	曲阜
三国·魏黄初孔羡碑	曲阜	西汉安汉里画像石（六）	曲阜
北魏正光张猛龙碑	曲阜	西汉安汉里画像石（七）	曲阜
北魏神龟贾使君碑	曲阜	西汉安汉里画像石（八）	曲阜
东魏兴和李仲璇碑	曲阜	东汉永和扁鹊行医画像石	曲阜
北齐文殊般若碑	汶上	东汉永和扁鹊针灸画像石	曲阜
隋大业陈叔毅修孔子庙碑	曲阜	东汉永和射猎图画像石	曲阜
唐总章赠泰师鲁国孔宣公碑	曲阜	东汉永和狩猎图画像石	曲阜
唐开元孔夫子庙碑	曲阜	高李村东汉画像石	邹城

后 记

　　继我局编辑的《济宁文物古迹》一书由文物出版社出版后，我局又组织力量策划编写了《济宁文物珍品》书稿。两书在展示济宁的文物方面各有侧重，前者为市内不可移动文物的总揽，后者为馆藏文物一级品的结集。然而，两书又有着较多的共同点，其一就是两书所选条目均是市内文物的精华，具有颇高的文物品位，分量都比较重，是名副其实的家中之秀、镇馆之宝。其二是编辑体例、展示方式相同，两书均图文并茂，试图给读者以较强的视觉冲击力和不读不快的美感。其三是行文风格相近，在注重资料原真的情况下，着重文物背景的铺垫及知识性、趣味性的把握。鉴于此，两书堪称相得益彰的姊妹篇。

　　做好济宁文化遗产的保护基础工作，把文化遗产的保护融入社会，将保护成果更多地惠及民众，让更多的人了解"孔孟之乡、运河之都"丰富的文化遗产，并自觉爱护这份遗产，是全市广大文物工作者的共识，也是文物局义不容辞的职责。因而，出版图书、建立网站、利用各种媒体展示市内的文化遗产，对外进行文物工作交流，均是我局工作的重要组成部分。该书的出版必将为济宁文化名市的建设增辉添彩。

　　本书的编辑得到了市委、市政府领导的高度重视和关心，凝聚了文物工作者的心血和汗水。曲阜、邹城、兖州、嘉祥、汶上五县（市）的文物主管部门及济宁市博物馆等在资料的提供、照片的拍摄等工作中给予了大力支持。朱承山同志具体担负了文稿撰写及统编工作，刘丽同志承担了资料整理及书稿的编辑工作，顾承银、颜昊博、傅吉峰、王登伦、郑建芳、唐丽、李梦、魏萍、宋恩红等同志在资料的提供、编辑咨询中做了大量工作。文物出版社的责任编辑李穆同志为本书的出版付出了辛勤的劳动。值本书付梓之际，我谨代表济宁市文物局，向所有关心本书，为本书做出贡献的领导和同志们表示最诚挚的谢意！

济宁市文物局局长　孙美荣

2010 年 5 月

Epilogue

Following the compilation and publish of the Cultural and Historical Sites of Jining, Jining Bureau of Cultural Relics organized the compilation of the Treasures of Cultural Relics of Jining. The two books place respective focuses in respect of demonstrating the cultural relics of Jining. The former is an overview of the unmovable cultural relics in the city, and the latter is a collection of the Class-A articles in museums. However, the two books share a lot in common. Firstly, the selected entries show fairly high cultural essence of the cultural relics in the city, and are genuine and most precious collections of museums. Secondly, they show the same compilation patterns and demonstration styles with pictures, attempting to leave strong vision impact on readers and make them eager to read. Thirdly, writing styles are similar. With focus on the authenticity of the original materials, the two books place emphasis on the background of the cultural relics, as well as the knowledge and interest value. In this perspective, the two books can be regarded as companions.

Protection of cultural heritage will benefit and enable more people to gain an understanding of the rich cultural heritage of the hometown of Confucius and Mencius, and the town of the grand canal, and show conscious concern for the heritage, which is the consensus of all the cultural heritage workers, and also the duty of the Bureau of Cultural Relics. Book publishing, website establishment, and utilization of various media for demonstrating cultural relics in the city and foreign cultural relics exchange are important component of our work. The publishing of the book will contribute to the construction of Jining as a well-known cultural city.

The compilation of the Book is contributable to the great attention and care from the leaders of the municipal committee of the CPC and the government, as well as the efforts of the cultural heritage workers. The cultural heritage authorities in Qufu, Zoucheng, Yanzhou, Jiaxiang, and Wenshang counties (cities), and Jining Museum, and other institutions provided support for the work with regard to relevant materials and photos. Zhu Chengshan was responsible for the compilation, and Liu Li sorted out materials and edited the script. Gu Chengyin, Yan Haobo, Fu Jifeng, Wang Denglun, Zheng Jianfang, Tang Li, Li Meng, Wei Ping, and Song Enhong et al did a great deal of work on providing materials, editing, and consulting. In addition, Li Mu, executive editor at the Cultural Relics Publishing House, made great contributions to the book. Before the publishing of the book, I, on behalf of the Jining Cultural Relics Bureau, extend our sincerest gratitude to the leaders and friends for their contributions to the book!

Sun Meirong, director Jining Cultural Relics Bureau

March 2010